キリスト教入門

竹下節子

講談社学術文庫

はじめに――教養としてのキリスト教

日本人とキリスト教

今回キリスト教の教科書を書いてくれと頼まれた私は、キリスト教国ではない日本でキリスト教信者でない家庭に生まれて育った。いわゆるミッションスクールとも縁がなかった。幼いころ神戸にあったキリスト教系（今となってはそれがカトリック系だったのかプロテスタント系だったのかも分からないが）の幼稚園のバザーに行ったりクリスマス会でサンタクロースを見たりしたのがキリスト教との最初の出会いだろうか。

「上智大学」の「上智」がソフィアの訳でイエズス会系の大学ということくらいは知っていたが、プロテスタント系の名門大学もたくさんあることは意識していなかった。ミッションスクールというとカタカナの入った「聖マリア学院」とでもいう名前ならぴんと来るが、名古屋の「南山大学」など語感からして仏教系の大学（実際はカトリック系）かと思っていたくらいだ。

キリスト教についての本を書くようになってから、ミッションスクール出身の人に「知っていますか、日本にはカトリックお嬢カルチャーというのがあるんですよ」と教えてもらった。その人は少女の頃に「カトリックいろはかるた」というので遊んだり、イエス生誕の馬小屋セットのフィギュアで人形遊びをしたりしたそうだ。今も版を重ねているそのかるたをいただいたら、「ルルドのひめぎみマリアさま」(フランスの聖地ルルドでは洞窟に聖母が出現したと言われている)、「ローマにパパさまいらっしゃる」(カトリックの人はローマ法王のことをパパさまと言う)、「リジューのテレジアばらの雨」(フランスのノルマンディのカルメル会修道女だった聖女テレジアは死後に彼女に祈った人々に数々の奇蹟をもたらして、その記録が『テレーズの約束　バラの雨』という本にまとめられている)などの読み札があった。普通の人にはなんのことかよく分からないかもしれない。私の幼いとき遊んだのは「プロレスかるた」だったから、確かにカルチャーの差に愕然《がくぜん》とした。

思想家や政治家、社会学者らにも、両親のどちらかや配偶者がキリスト教信者であり、キリスト教的な環境や感性の持ち主が少なからずいることを、後に知って驚いたこともある。大学の宗教学科でキリスト教関係の先生はプロテスタント神学系の方が多く、私などから見ると何か思いつめたようなまじめな人で近寄りがたいという印象があった。知り合いの編集者や読者の中で「私はじつは幼児洗礼を受けているのですが、その後まったく教会から離れたのが心にかかっていました」という方もいる。

ヨーロッパ文明のルーツ

今では少し知るようになったが、私にとってかつて日本のキリスト教のイメージは「かくれキリシタン」程度のものでしかなかった。そして過去の私同様、「普通の日本人」のキリスト教に関する知識はさして増えていないように思われる。その無知に、あらためて感慨を深くする。

キリシタン弾圧の暗いイメージとミッションスクールの持つお嬢さま風のイメージ、西洋文明とともに輸入したピューリタン（清教徒）の禁欲的なイメージが漠然とまざっている程度で、いわゆる和魂洋才の政策はいつのまにかキリスト教への無知につながった。文学や哲学を輸入すると、ニーチェやサルトルの無神論が、その前提となったキリスト教よりも強烈なインパクトを持って入ってきた。多くの日本人はキリスト教のことを一度も知らぬままにキリスト教を卒業してしまったと言っていい。

私は高校の世界史でキリスト教の成立や宗教改革について学び、大学時代にヨーロッパの文学など少し勉強した時には聖書も買って読んだし、天地創造や十戒やイエスの生涯についての映画もいろいろ観て、キリスト教の歴史のような本にも目を通した。それなのに知識はばらばらで、いいかげんで、歴史の中でも思想史の中でも、キリスト教の文脈は本当には見えていなかったと思う。

その後フランスに住むようになり、日本の仏教的風土と同じような温度のカトリック的風土を知ることになった。神道的風土の日本に中国経由で仏教が入ったように、ニュアンスは少し違うが、ケルト＝ゲルマン＝ラテンの多神教的風土のフランスにローマ帝国経由でキリスト教が広まってきた様子もよく分かる。和漢の教養があまりない私の世代の者は若い時にはアメリカ文化などの方が身近だったが、そのアメリカ文化のルーツにあるヨーロッパ文化とキリスト教とがいかに密接につながっているかを実感した。

キリスト教はユダヤ人イエスの始めたパレスティナ起源の宗教で、地中海沿岸のオリエント世界がルーツだという言い方もされるが、ローマ帝国を経由した西方教会が今日のヨーロッパ文化のルーツになり、アングロサクソンの英米文化につながり、英米文化が現代文明のスタンダードになってしまったことも事実だ。特に生活様式がすっかり「西洋的」になっている日本人にとっては、「西洋的」キリスト教を知ることはみずからの「内なる西洋」のルーツを知ることでもあるだろう。

日本人がキリスト教を知ることの意味

もちろん本場の西洋にはキリスト教関係のいろいろな書物がある。でも、彼らにはあまりにも自明で説明されていないこともたくさんあり、普通の日本人が翻訳書を読んでも実際には多くの事象がとびとびにしかインプットされないことが多い。この本では、私自身が「納得」と思った最低限の分かりやすいキリスト教の流れをたどってみた。

基本線をたどった上で、あちこちにはみ出してくるトピックに人間の持つ想像力（と創造力）のすばらしさを味わっていただくとともに、あまり解説的にならず、読者が自分の頭で考えを発展させていくとっかかりになるように話をすすめよう。

西洋小話にこういう有名なものがある。

男の一生には三つの時代がある。
サンタクロースを信じている時代、
サンタクロースを信じなくなった時代、
そしてサンタクロースになる時代だ。

いわゆる西洋文化史を見てみると、キリスト教の神がすべての生活を支配していた時代の後、「神は死んだ」として無神論に走り世俗的な物神崇拝にいたった時代を経て、今はもう一度、精神的なものや超越的なものを視野にとりこもうとしている時代にあるような気がする。無《む》知《ち》蒙昧《もうまい》の時代から人間の知性万能の啓蒙主義の時代へという単純な進歩史観から、数々の過ちを反省して、もう一度シンボルを模索する段階だ。

単に「サンタクロースを信じなくなった」段階にとどまっていれば、今なお文化や宗教の衝突で殺し合っている現代世界を理解することも、紛争に解決をもたらすこともできない。「サンタクロースになる」には、理想のサンタクロース像を把握しなくてはならないだろう。好き嫌いにかかわらず、明治以来、欧米スタンダードを課せられて生きてきた日本の若者は、商業主義を離れた自分のサンタクロース像をつかむために今こそキリスト教を学ぶ必要があるのではないだろうか。

目次

キリスト教入門

キリスト教を読む

はじめに――啓示のテキストに光をあてる

キリスト教は、ユダヤ教、イスラム教とルーツを同じくする「啓示の宗教」、「啓典《けいてん》の宗教」と呼ばれている。つまり人間に開示された神の言葉を基礎に置くものだ。神の言葉の伝え方としては、シャーマンがいわゆる神懸《かみが》かりとなって神の言葉を伝えるシャーマニズムもあるし、占いや自然現象の中に神の意向やメッセージを聞く宗教もあるが、これらは特定の相手や特定の主題、特定の時代に結びついていることが多い。一方、「啓典の宗教」では、旧約聖書と新約聖書が神と人の「契約」の形をとっているように、一種の「総論」としての聖典が言語化されて、宗教の基盤となっているのが特徴だ。啓示宗教の内部にいる人々にとっては、神からの啓示のない宗教は人間側の生き方マニュアルに過ぎないとさえ思えるほどに、啓示の意味は大きい。神は啓示としてみずからを現すのだ。

その意味において、啓示宗教の神による天地創造が、「光あれ」といった「言語化」であることは示唆的だ。風神が風を吹かせたり、雷神が雷を鳴らしたりというように、無言の神が力で人を押さえつけるのではなく、啓示宗教の神は人間に「言語」でコミュニケートしてくれる。これは考えてみればすごいことだ。なぜなら、人間には言語を通して神に出会うチャンスが提供されていることになるからである。神の「言語」を人間の生き方に適用するために、啓示宗教の信徒たちは、古来必死に頭を使い知恵を絞り、その考えをさらに言語化することに努めてきた。神の「総論」を「各論」化したのだ。だからテキストが豊富にあり、神学の発展過程もよく分かる。言い換えると啓示宗教は、テキストを読む能力のある人になら誰にでも開かれているわけで、その意味において、不立文字《ふりゅうもんじ》の宗教や苦行と肉体派の宗教よりも近づきやすいと言えるだろう。

このような考え方は、物事をあまり突き詰めたり議論したりしないでなんとなく受け入れる習慣のある民族から見ると厳しい点があるが、どんな人間も肉体と精神を統合する超越的な価値を必要とする点では変わりはない。言語やコミュニケーションという営為そのものに、個々の人間が大きなものとつながって生きる神秘を見ることもできるだろう。また、あるテキストを神の言葉として人間の実存の彼方に位置づけ、それを超越的な指針として、それに応えて生きていくという啓示宗教を知ることは、根源的な経験となるかもしれない。だから、現代世界で最もメジャーな啓示宗教であるキリスト教を紹介するにあたって、この本ではまず旧約聖書と新約聖書という「啓示のテキスト」に光をあててみた。

旧約聖書はキリスト教成立以前のユダヤ教のテキストで、神と人との契約である啓示を「旧」と「新」に振り分けたのは、もちろんキリスト教側の名づけ方による。「啓示宗教」の文化圏の外から見ると、神の言葉である啓示なら時空を超越した永遠不変で普遍的なものだと想像しがちだが、実際は時代や場所と切り離せないテキストになっている。歴史の中に現れた神の言葉に人間がどうつきあってきたかという記録がキリスト教の歴史でもあるのだ。

また、欧米文学はすべて聖書の翻案であると言う人がいるくらい、聖書は芸術的なインスピレーションの源でありつづけた。まずは聖書をながめながらキリスト教世界の扉を開けることにしよう。

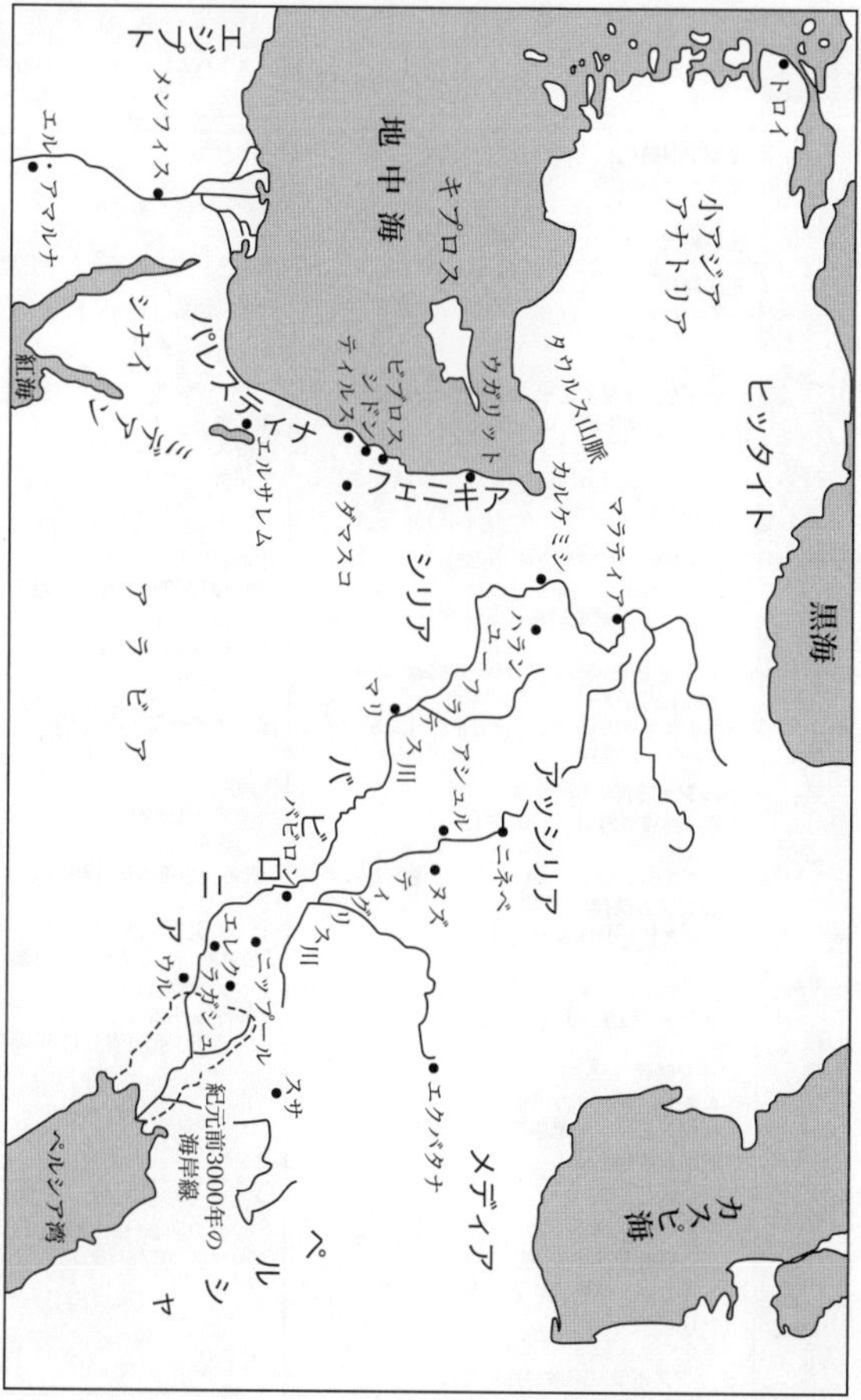
黒海
カスピ海
ヒッタイト
小アジア
アナトリア
トロイ
タウルス山脈
キプロス
地中海
ウガリット
ビブロス
シドン
ティルス
フェニキア
カルケミシ
マラティア
ハラン
ユーフラテス川
マリ
シリア
ダマスコ
エルサレム
パレスティナ
シナイ
ミディアン
紅海
エジプト
メンフィス
エル・アマルナ
アラビア
アッシリア
ニネベ
アシュル
ヌズ
ティグリス川
バビロニア
バビロン
ニップール
エレク
ラガシュ
ウル
スサ
エクバタナ
メディア
ペルシャ
紀元前3000年の海岸線
ペルシア湾

古代オリエント世界

年　代	政　治	思　想
紀元前 2000	ユダヤ民族の形成	アブラハム　イサク（2100頃）
		ヤコブ
		ヨセフ（1900頃）
1500	**エジプト時代**	
	出エジプト	モーセ
		ヨシュア荒れ野の旅
	士師時代	
	王国時代	
1000	ダビデ	ナタン預言
	ソロモン	
	王国分裂時代	
	ソロモン没後イスラエル王国（北王国）とユダ王国（南王国）に分裂（922）	エリヤ　エリシャ
		アモス　ホセア
	イスラエル王国がアッシリアに滅ぼされる（722）	イザヤ
		エレミヤ
	ヨシヤによる宗教改革（622）	申命記
	第一次バビロン捕囚（597）	「申命記的歴史著作」の編纂
	エルサレム神殿破壊・第二次バビロン捕囚（587）	エゼキエル
	ユダ王国が新バビロニアに滅ぼされる（586）	
	キュロス王の捕囚民解放令布告（538）	第二イザヤ
	エルサレム帰還	
	ペルシャ時代	
	第二神殿の再建（520～515）	ハガイ　ゼガリヤ
500		
	エズラがエルサレムに「律法」をもたらす	「五書」の正典化（400頃）
	ヘレニズム時代	
	アレクサンドロス大王（336～323）	七十人訳〔五書〕（250頃）
		「預言者」の正典化（200頃）
	アンティオコス・エピファネス（175～163）	ダニエル書（164）
	マカバイ戦争（167～162）	ハシディーム
		七十人訳〔預言者〕（150頃）
	ローマ時代	
	ユダヤがローマの属領となる（63）	
	ヘロデがローマ元老院よりユダヤ王の称号を受ける（40）	
紀元後		イエス（～30頃）
		パウロの回心（36頃）
		ヨセフス（37～100）
100	ユダヤ戦争（66～70）	
	バル・コクバの乱　第二次ユダヤ戦争（132～135）	
	エルサレム陥落（135）	
	ディアスポラ（離散の民）時代	

聖書関係年表

760	アモス		
745〜640 **アッシリア**	ホセア	イザヤ	ミカ ナホム
640〜597 **ヨシヤから第一次捕囚まで**	ゼファニヤ	エレミヤ	ハバクク
597〜587 **第一次捕囚からユダ滅亡まで**	エゼキエル	エレミヤ	
587〜538 **ユダ滅亡から解放令まで**	エゼキエル オバデヤ	第二イザヤ	
538〜515 **解放令から神殿再建まで**	第三イザヤ	ハガイ	ゼカリヤ
515〜333 **神殿再建からペルシャ時代まで**	マラキ	ヨエル	ヨナ
(333) 301〜200 **プトレマイオス時代**	第二ゼカリヤ	第三ゼカリヤ	
200〜 **セレウコス時代**	ダニエル		

預言書年表　年数はすべて紀元前　荒井章三『ユダヤ教の誕生』講談社選書メチエを一部修正

旧約聖書

旧約聖書の出来事が起こった時代と場所

旧約聖書の出来事が起こったとされる時代と場所をまず頭に入れておこう。

天地創造は紀元前四〇〇〇年あたりだ（ルネサンス時代には天地創造の正確な年月日や時間まで計算した数学者や神父が出てきた。その頃一般的だったのは、世界の寿命を約六〇〇〇年として、天地創造が紀元前約四〇〇〇年、ユダヤ民族が律法を得たのが紀元前約二〇〇〇年、キリスト教会時代が二〇〇〇年というもので、さまざまな時代のさまざまな終末論に根拠を提供した）。ユダヤ民族の形成は紀元前二一〇〇年頃から前一八〇〇年頃にかけてで、エジプト時代がその後紀元前一五〇〇年くらいまで、荒野の流浪を経てカナン地方に戻り紀元前一〇五〇年くらいまでが士師《しし》（裁く人）の時代だ。この間の重要人物の名はアブラハム、イサク、ヤコブ、ヨセフ、モーセ、ヨシュアというところだ。彼らの関係と役割は後に見ていこう。

その後サウル、ダビデ、ソロモンの統一王国が生まれる。「ソロモン＝紀元前一〇世紀半ば」くらいを頭に入れておくといいだろう。ソロモンがイスラエルの神殿を最初に造った。

ソロモンの死後、王国は北と南に分裂した。北はイスラエル王国で南はユダ王国という。この分裂時代は、まず紀元前七二二年に北王国がアッシリアに滅ぼされ、南王国が紀元前五八六年にバビロニア軍に攻められて全滅したことによって終わりを告げる。ユダヤ人のバビロン捕囚《ほしゅう》はその前後に何度かにわたって行われた。約七〇年にわたるバビロン捕囚の間にバビロニア王国はペルシャ王国に変わり、紀元前六世紀の後半からユダヤ人の帰還が少しずつ許された。彼らは再びエルサレムに神殿と城壁を建設した。この頃の預言者で重要な人物として、南王国のイザヤ、バビロンの王宮で活躍したダニエル、エルサレムに帰還した後のユダヤの民に語ったゼカリヤなどを覚えておくといいだろう。

さて、バビロン捕囚から帰還してエルサレムを再建した様子と、ペルシャに残ったユダヤの民の様子などを語る預言書を最後に、旧約聖書によってたどることのできる歴史は終わる。その後、イエスが生まれてキリスト教の新約聖書が出来事を語るまでには、約四〇〇年間のブランクがある。この間、ユダヤ教とキリスト教の正典に残るような新しい預言者は出なかったのだ。

もちろんその四〇〇年の間もユダヤの民は安泰だったわけではなく、ギリシャのアレクサンドロス大王に国を滅ぼされた後にギリシャ化したり、その後、エジプトや、シリアとメソポタミアの王国に征服されたりした。ユダヤ人の宗教行為を禁じた王に対しては反乱を起こして一時的には独立を勝ち取ったものの、まもなくローマ帝国によって征服された。こうしてローマ帝国の植民地としてのユダ王国が、キリスト教発生の舞台になる。

次に場所を見てみよう。次頁および次々頁の地図を見ていただきたい。アダムとイヴのエデンの園はメソポタミアあたりにあったと考えられている。ペルシャ湾の奥まったあたり、東のティグリス川とユーフラテス川の間、後のバビロニアである。その後ノアの洪水とバベルの塔建設の中断を経て、ノアの子孫たちは各地へと散らばっていく。その後、指導者として神に選ばれたのがアブラハムである。アブラハムとその家族は神の約束されたカナンの地に移住した。カナンはパレスティナ（ペリシテ人の地）とも呼ばれ、ヨーロッパとアジア、アフリカをつなぐ橋のような要地だ。地中海に平行するような形でヨルダン川があり、南にある死海という大きな塩水湖と北のガリラヤ湖（ティベリヤ湖）とをつないでいる。南北に長い死海の西北部にエルサレムがある。

このパレスティナが飢饉《ききん》にみまわれた時、アブラハムの曽孫ヨセフのいるエジプトに家族が移住した。この時代にイスラエルは一二部族（メソポタミア一二進法のシンボル）に増えた。そのうちイスラエルの民は奴隷化されたので、モーセに率いられてエジプトを脱出し、再びパレスティナに戻った。この時仮住まいした場所が、シナイ山のふもとの荒野だ。シナイ山は紅海をはさんでアフリカと反対側にあるシナイ半島の南部にある。ヨルダン川を渡ってようやくカナンの地に戻った時、反対側の地中海からはペリシテ人がカナンに入ってきて沿岸に住み着いた。イスラエルの民はペリシテ人はもちろん、カナン地方の先住民たちとも

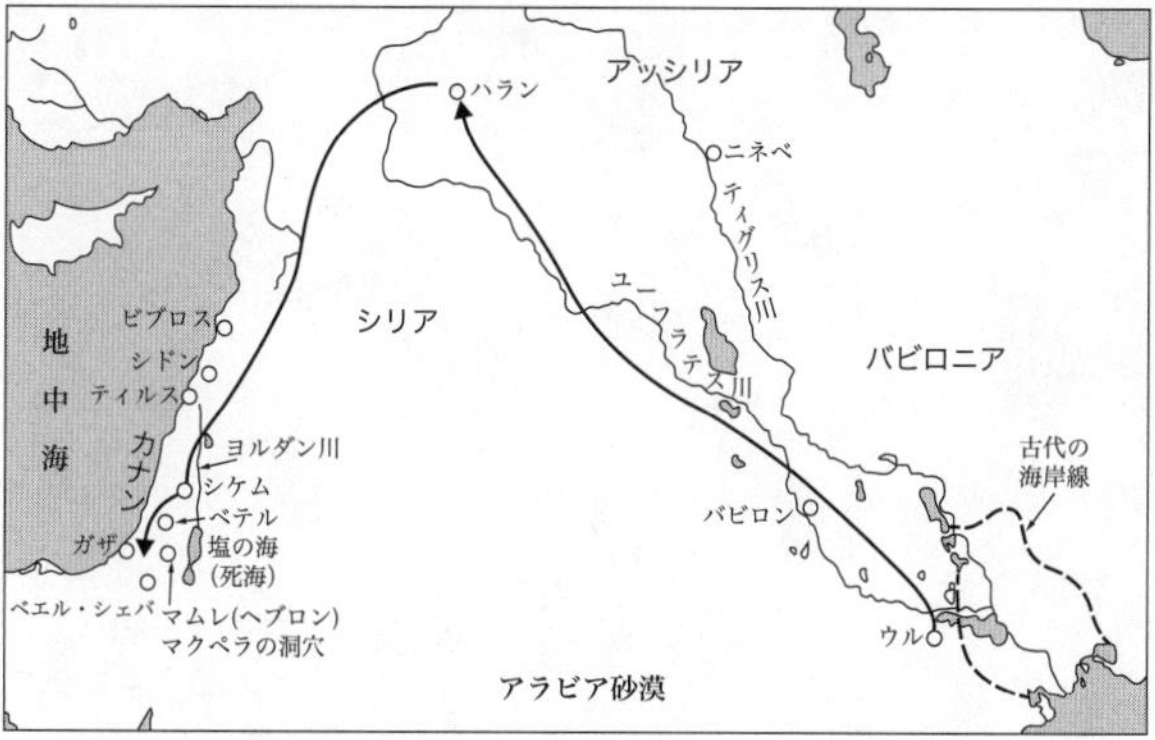

アブラハム一族の移住

何度も戦い、結局ガリラヤ湖から死海までのエリアをイスラエルの一二の部族で分け合うことができた。そのうちの大部分はヨルダン川の西側に位置する。北王国と南王国に分裂した時は、北の一〇部族と南の二部族に分かれている。南のユダという部族が王国の名になり、ユダヤ人という総称にもなった。

最初の統一王朝を建てたダビデはユダ部族の領土の北方、ベツレヘムの羊飼いだった。エルサレムはさらに北方にある。一二部族の領土の外側には南東にモアブ、南にエドムなどがあった。もう少し後で重要になるのは北東のアラム（シリア）で、そのもっと北東にアッシリアが広がる。東側にはティグリス川とユーフラテス川の間を中心にしてバビロニアがあった。さらに東方がペルシャだ。もちろん時代によって勢力範囲は変化するが、イスラエルの民は大体、

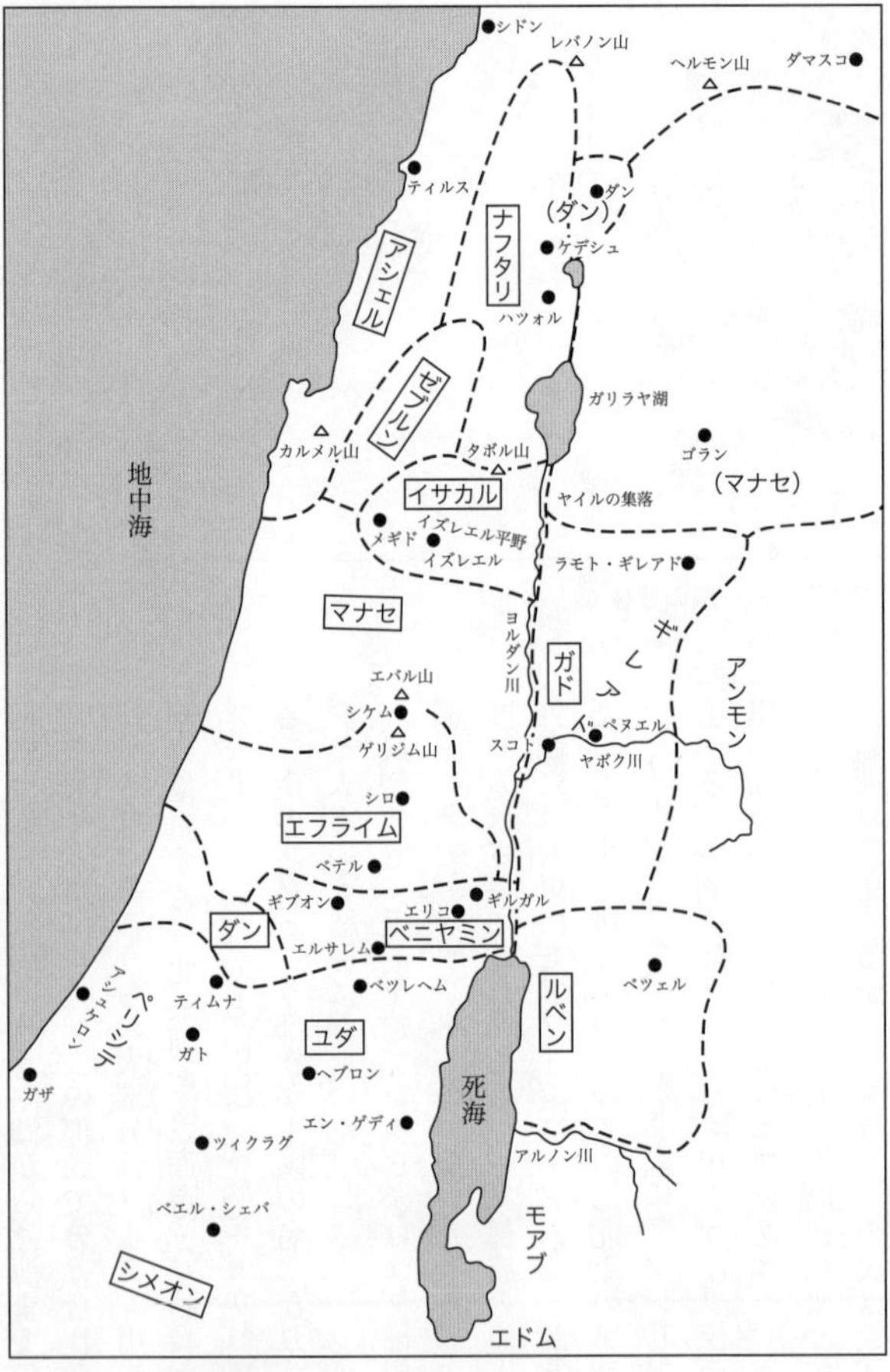

12部族（▭で表示）のカナン定住

地中海を西に見てガリラヤ湖から死海の南端までのエリアを守りつつ、アッシリアに滅ぼされたりバビロンに連れていかれたり、シナイ半島の向こうのエジプトまで行ったりという動きがあったことになる。

1　律法の書

モーセの五書と呼ばれる部分だ。

紀元前一五世紀くらいまでの出来事で、イスラエルの民がどういうふうに形成されたのかを語る「創世記」、エジプト時代とエジプトから脱出する話の「出《しゅっ》エジプト記」、荒野の流浪の間に律法（トーラー）が形成されていく様子を語る「レビ記」、「民数《みんすう》記」、「申命《しんめい》記」である。ユダヤ教では主としてこの五書が重視されて、その律法の適用についての膨大な注釈体系と合わせて律法と呼ばれている。

しかし実際に法体系のみが書かれているのは「申命記」くらいで、他の部分にはユダヤの民の成立の歴史と神話などが混在している。部外者が距離を置いて見ると、神の啓示で書かれた聖なる書という感じはしないし、ここから出てきて後にギリシャ－ローマ世界を経由して世界宗教に発展したキリスト教とあまり関係があるような感じもしない。しかしこれらがキリスト教の聖典とされたことで、雑多で豊かな旧約聖書の世界がキリスト教の原風景ともなり、キリスト教世界のインスピレーションの源泉になったのはまちがいがない。

一　創世記

●あらすじ

一、二章　天地と万物はどのように創られたか
三、四章　人類はどうして罪を犯したか
五〜九章　ノアはどうして洪水をのりきったか
一〇、一一章　世界の国と言語はどうしてできたか（バベルの塔）
一二〜三八章　アブラハムはどうしてユダヤの民の祖となったか
三九〜五〇章　神の民はどうしてエジプトに行ったか

●主要登場人物

アダムとイヴ、ノア、アブラハム、イサク、ヤコブ、ヨセフ

神は天地とその中の万物を創造した。この創造神話にはヤハウェ資料と祭司資料（一三七頁からの「キーワードで考えるキリスト教」の項参照）の二つのルーツがあって、それによって男と女の関係づけが変わってくる。男と女を対にして神の似姿とするのが宗教的な方

原罪と楽園追放　ミケランジェロ　ヴァティカン　システィナ礼拝堂

で、まず男（アダム）を創ってその付随物のように女（イヴ）を創ったとするのが男中心の父系社会的な政治的言説だろう。

その男と女が蛇にだまされて神の言いつけに背《そむ》き楽園を追われ、さらにその子供たちが兄弟間で殺人を犯す。これは、人間が永世でないこと、脱皮することで永世をイメージさせる蛇という動物への特別な感情、殺人者の問題と被害者の魂の問題など、人類に共通した実存的な問題の説明の一つのモデルであって、多くの社会の神話に登場する。

その後、ノアの箱舟で有名な大洪水のエピソードがあり、高慢になった人々がバベルの塔を建て始めたが神が人々の言葉を通じなくさせたことで中断したエピソードがある。いずれも、あいかわらず神の言うことをきかない人間への罰というパターンだが、バビロンの廃墟で発掘された粘土板に洪水や箱舟などが記録されていること、やはりバビロン地方に巨大な堂塔の遺跡がいくつか見られることなどから、何らかの歴史的事実を反映しているらしい。

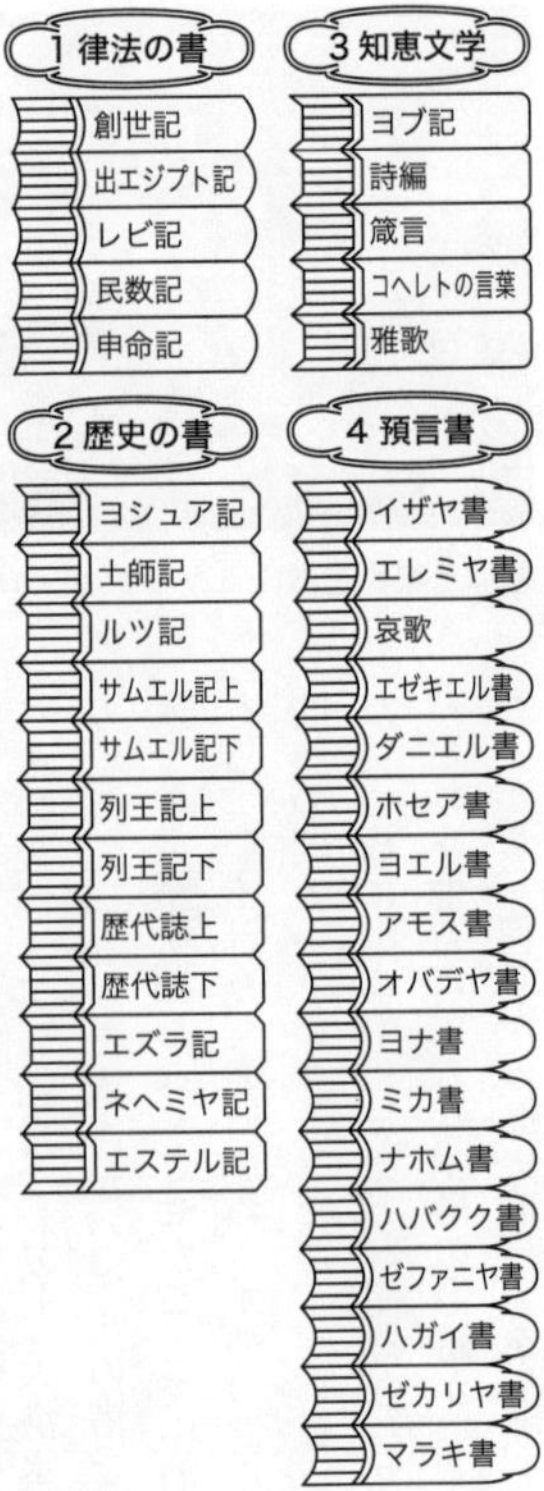

『旧約聖書』の構成

バベルの塔のエピソードにより、人々は互いの言葉を理解しないようになり各地へ散らばっていった。いわば第二の楽園追放だ。その後で、いよいよ「ユダヤ－キリスト－イスラム」という三つの一神教、現在でも全人類の半分近くが信仰する一神教の共通の祖先であるアブラハムが登場する。日本ではあまり耳にしないが、この三つの一神教は異宗教間対話などで友好的に同席したりするたびに、互いに「アブラハムの宗教」と言い合って「兄弟分」であることを強調し合う（アブラハムとは「父は誉めたたえられる」という意味のアブラムが「民衆の父」という意味のアブラハムに昇格した名だ。妻サライもサラになった。聖書の中の主要登場人物は神とのかかわりの中で出世魚のように名を変えることがあるので注意しよう）。

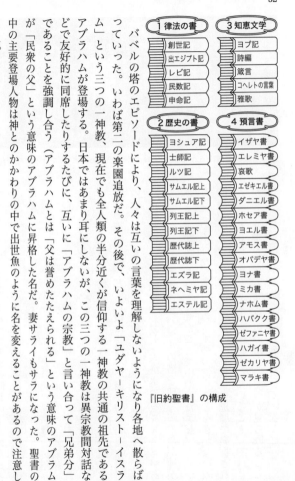

では三つの一神教にどういう血縁があるかというと、アブラハムの最初の息子イシュマエルが後にメッカに移住してアラブ人の先祖となる。次男のイサクがいわゆる「イスラエルの民」の先祖となり、その家系にやがてイエスが生まれることになる。イシュマエルの母ハガルはエジプト人で、アブラハムの妻サラの召使だったが、子のないサラが夫に妾《めかけ》をすすめた結果身ごもったのだ。アブラハムはすでに八六歳だった。ところがその後、アブラハムが一〇〇歳の年、年老いた本妻のサラが奇跡的に息子を生んだのだ。サラに追い出されたハガルとイシュマエルは、荒野で渇き死ぬところを神の与えてくれた井戸によって救われた。これが現在もアラビアのメッカにあるザムザムの霊泉ということになっている。ユダヤ人とアラブ人は異母兄弟から出た子孫だというわけだ。

アブラハムに追放されるハガルとイシュマエル　オーラス・ヴェルネ　フランス　ナント美術館

しかし、じつは、アブラハムに啓示を与えた神は、天地万物の唯一神といったようなものではなくて、どう見ても「アブラハムの神」という個人の守護神、あるいは氏神みたいなものに過ぎない。「アブラハムの神」が「唯一神」になるためには、その数百年後のモーセの時代に現れた名のない抽象的な民族神の時代を経なくてはならなかった。

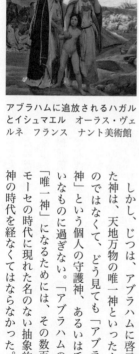

アブラハムの神がアブラハムに約束し与えたものは、選民としての子孫繁栄だけではなかった。約束の地カナンを領土として与えたのだ。アブラハムはカルデアのウルというユーフラテス川のほとりにあるバビロニアの古都市から、啓示を受けたハランを経由して最終的に今のパレスティナ地方にたどり着いた。紀元前二〇〇〇年くらいのことだ。砂漠を横切ることができないのでユーフラテス川に沿って北西に進んだ後でオアシスをたどりながら地中海側にやってきた。

しかし先住民はすでにいた。アブラハムの一行はすぐに定住できたわけではなく半農半定住のような暮らしをつづけていたのだろう。パレスティナで定住民と定住民を脅かす完全な遊牧民との間にあって定住民の安全を守る仲介の役にあたっていた民族をヘブル人と呼ぶようだ。アブラハムのイシュマエル系子孫はアラブ人となり、イサク系子孫がやがてイスラエル（神は強し、神の戦士）の民と呼ばれるようになる。

アラブ人とイスラエルの民が、たった一人の男から分かれたという図式が自明のことのように伝えられてきたことは驚くべきものだ。アブラハムは故郷を出て約束の地に向かった時、家族としては妻と甥のロトのみを連れている。神に「国を出て、親族と別れ、父の家を離れ」るように指示されたからだ。このアブラハム一人の子孫が、孫のヤコブ（この人が、途中でイスラエルと名を変える）の代には総勢七〇人に増えてエジプトに移住することになった。

ヤコブには一二人の息子がいて、彼らがイスラエル一二部族の祖となったという。もちろん民族創成神話だからシンボリックに図式化されているのだというのは簡単だが、今の世界に「アブラハムの宗教」だから兄弟だと称する一神教が三つあって、人類の多くが関係していることを思うと、一七五歳まで生きたとされるこの始祖の劇的な一生に感慨を覚えざるを得ない。

アブラハムの息子のうち後を継いでカナンに残ったイサクは、正妻の子とはいえ長子ではなかった。そのイサクにもまた二人の息子ができたが、やはり変則的な形で弟ヤコブが長子の権利を奪う。ヤコブ（後のイスラエル）にはたくさんの息子ができたが、やはりそのうちのヨセフが偏愛されている。これらのエピソードは長子相続が安定する以前にあった末子《ばっし》相続制の名残を示しているとも言われるが、長幼の序列の厳しい儒教文化圏の人間が旧約聖書を読んでカオス的なエネルギーを感じてしまうのは、こういう場面かもしれない。

ヤコブに愛されたヨセフは異母兄たちに嫉妬されてエジプトに奴隷として売られてしまう。しかしエジプト王ファラオの夢を解き明かしたヨセフは出世して、食糧確保の責任を負う高官となった。カナン地方が飢饉にみまわれた時に、このヨセフを頼って、父のヤコブ以下総勢七〇人の一族がエジプトに移住することになる。ヨセフが生き延びてエジプト人として出世していることを知らない兄たちとのかけひきが生き生きと書かれている。トーマス・マンはこの話にインスピレーションを得て長編四部作の『ヨセフとその兄弟』を書いている。

このように、いろいろな神話や説話のテーマやヴァリエーションが現れてなかなか楽しい創世記だが、後のキリスト教世界にまで深いトラウマを残す「罪と罰」という重いシーンも含んでいる。神から離反して楽園を追われ死を運命づけられる「原罪」エピソードと、神に従わなかったソドムとゴモラの町の人々が徹底的に滅ぼされる「壊滅」エピソードだ。人々が悪徳を尽くすソドムとゴモラは天から打たれる硫黄と火によって滅びた。町から脱出しながらその様子を振り返って見た住人ロトの妻は塩の柱になってしまう。

このエピソードは、地中の化学物質が混じり合って爆発し硫黄と塩を吹きだしたという実際の事件の描写だったかもしれない。ともあれ、焼き尽くされる町のイメージは人々の恐怖の原風景となり、冷戦時代にソ連から大量に打ち込まれるミサイルによる都市の滅亡などのイメージにまで結びついていった。後にモーセに十戒を与えた時は「殺すなかれ」といった神だが、自分に従わぬ者には容赦ない厳罰を与えたのだ。

その後のユダヤ人の歴史の中で、政治的経済的にうまくいっている時は神への従順が足らず、戦乱や天災などの試練にあってはそれが神の怒りなのだと反省するという繰り返しが行われた。迫害された時にも迫害者を悪と決めつけられず、神が自分たちを罰するために迫害者を利用しているのだと考えてますます神を畏《おそ》れるというパターンが存在したわけである。この根は深く、第二次世界大戦下のヨーロッパでユダヤ人ホロコーストが起こったときにも、亡命するユダヤ人はいたが組織的なレジスタンスは育たなかった。この時にむざむざ六〇〇万人もの同胞を殺されたことの反動で、戦後建国されたイスラエルが積極的な攻撃を厭《いと》わない軍事国になったのは皮肉なことだ。

神罰におびえたユダヤ人と違って、キリスト教ではイエスというメシア（キリスト）がすでに現れて人類をその罪から救い神と和解させたことになっている。しかしキリスト教を統一の原理としたヨーロッパ文化にあってもこの罪と罰のテーマは繰り返し反芻《はんすう》された。新約聖書の中にも「ヨハネの黙示録」という終末論的な不吉なイメージに満ちた書があって、旧約聖書のイメージと共に、ある種の被害妄想的な通奏低音をキリスト教につけ加えた。

二　出エジプト記

●あらすじ

一章　神の民がエジプトで奴隷にされる
二〜四章　モーセが神の民を救う召命《しょうめい》を受ける
五〜一一章　神の民を解放するようにとエジプト王ファラオに挑戦する
一二、一三章　神はエジプトの初子《ういご》を殺すが神の民の家を過ぎ越す
一四〜一九章　神の民がエジプトから脱出する

二〇〜二四章　神が律法を授ける
二五〜四〇章　神の民は幕屋を建設する
●主要登場人物
モーセと兄アロン

ヤコブとその一二人の息子の一族であるイスラエルの民がエジプトに移住してから長い年月（四三〇年）が流れたが、新しいエジプト王ファラオは彼らを奴隷にしてしまった。これは史実であるらしく、ヘブル人の奴隷がレンガを作ったり積んだりしている絵がエジプト人の墓から発見されている。ヘブル人が建設したピトムやラメセスの町にはワラを使わないレンガがあり、これは「出エジプト記」（五・六〜八）にファラオがレンガに必要なワラをヘブル人に与えなかったと記述されているのと一致している。

奴隷化された民は神に祈り、神は民を救う指導者としてモーセを選んだ。紀元前一三〇〇年頃のことだ。このモーセは赤ん坊のときナイル川のほとりに捨てられて王の娘に拾われて育てられたということになっている。しかしモーセの名はエジプトの文献にもメソポタミアの文献にも出てこない。だから、モーセはじつはエジプト人で、パレスティナに戻ったユダヤ人というのはエジプトからの移民だったという仮説がたまに出てきたりする。紀元前一四世紀頃のエジプトにはアケナートン王が太陽神の信仰を宣言したが彼一代で滅びたという史

出エジプトの道

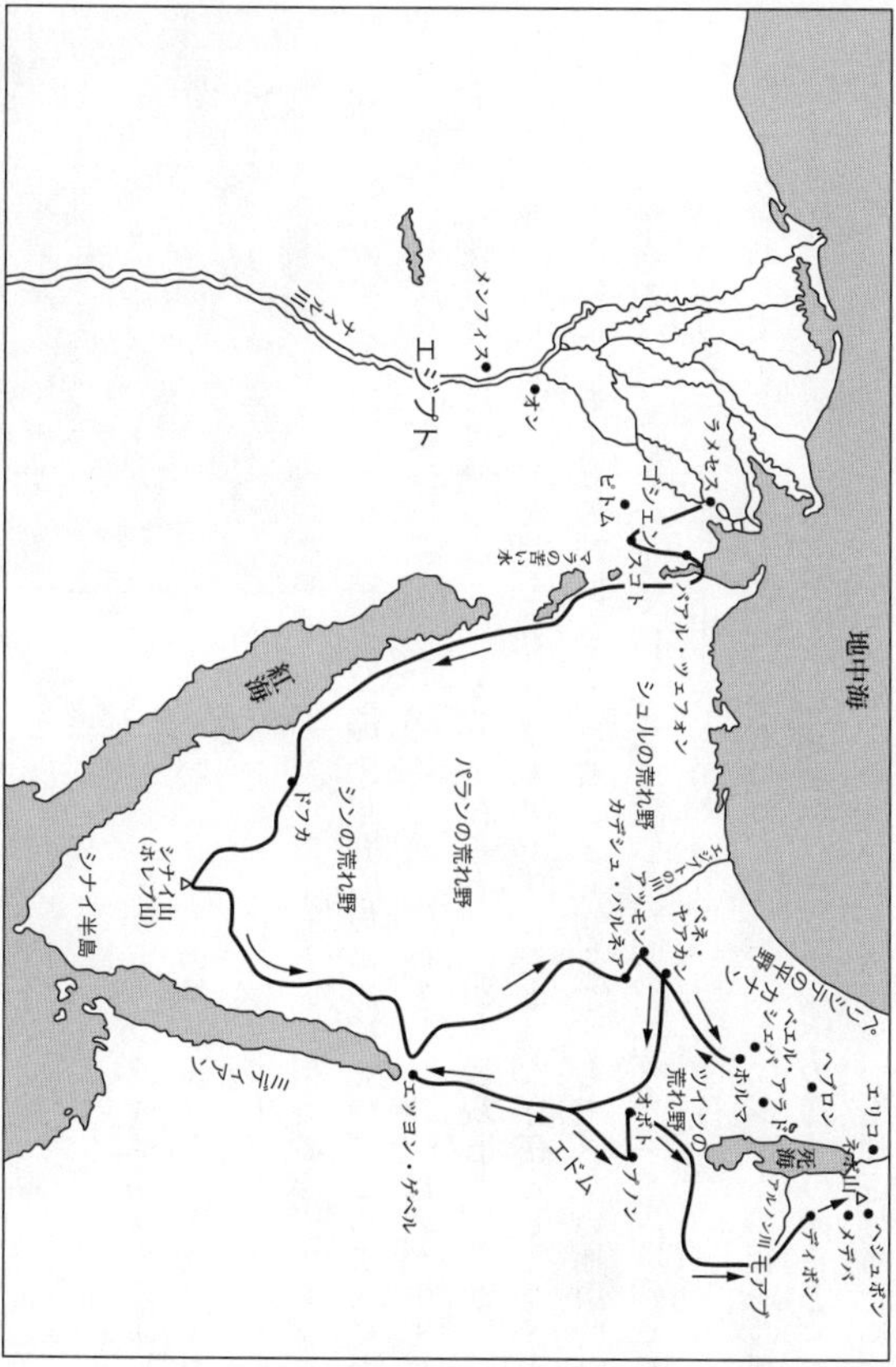
地中海
紅海
死海
ナイル川
エジプト
メンフィス
オン
ラメセス
ゴシェン
ピトム
スコト
マラの苦い水
バアル・ツェフォン
シュルの荒れ野
パランの荒れ野
シンの荒れ野
ドフカ
シナイ山
(ホレブ山)
シナイ半島
ミディアン
エツヨン・ゲベル
エドム
プノン
オボト
ツィンの荒れ野
ホルマ
カデシュ・バルネア
アツモン
エジプトの川
ベネ・ヤアカン
ペリシテの平野
カナン
ベエル・シェバ
アラド
ヘブロン
エリコ
ネボ山
アルノン川
ヘシュボン
メデバ
ディボン
モアブ

モーセ　ミケランジェロ
ローマ　サン・ピエトロ・イン・ヴェリコ聖堂

実があるので、ユダヤ人の一神教はその生き残りであるという話と符合しないでもない。

しかし、ユダヤ人もエジプト時代はアブラハムの神やイサクの神だけでなく多神教やアニミズムの世界に生きていた。その後モーセという指導者を得てエジプトから出《しゅっ》奔《ぽん》し約束の地カナンへ向かうが、結果的に四〇年間も放浪の旅をつづけることになる。この苛酷な条件の中で一つの民族意識が生まれ、その統一原理としての一神教が生まれてくる。

モーセに名乗った神は自分のことを「在りて在る者」とのみ表現した。しかも、それまでの神々は、神人同形といって人間をよりパワーアップしたような存在としてイメージされるのが普通だったのに、モーセの神は人々が見ることも知ることもできない抽象的な存在として現れたのである。おそらく、すでにユダヤ人たちの間の民族神として認知されていた神が、試練の時代にリニューアルして出てきたのだろう。

この神は徹底してイスラエルの民を守るだけでなく積極的にエジプトの民を攻撃した。災害（アブの群、雹《ひょう》、疫病《えきびょう》、イナゴなど）をもたらしたりすべての初子の命をとったりという残酷なこともしている。この時、イスラエルの民の家からは災いを遠ざけるために、雄の子羊を殺してその血を鴨居と柱に塗っておくようにと神は命令した。これが子羊の生贄《いけにえ》と過越《すぎこし》の祝いの起源である。キリスト教ではイエスがみずからを子羊として生贄にしたということで、以後生贄の風習はなくなったし、過越の祝いは復活祭となった。イスラム教では巡礼月（イスラム月の第一二月。陰暦なので毎年ずれる）に今でも大量の羊が屠《ほふ》られている。

たび重なる災厄に懲《こ》りたファラオは、ついに疫病神であるイスラエルの民を去らせることにした。しかし、イスラエルの民の中にもエジプトを去るのをためらった人が当然出たので、神は駄目押しをしなければならなかった。つまりファラオに考えを変えさせて、軍隊にイスラエルの民を追わせたのだ。イスラエルの民の前で紅海の水が両側に分かれて道を作り、後を追ってきたエジプトの軍勢の上に水がかぶさって全滅するという有名なシーンが出現する。この様子はイスラエルの民のエジプトへの未練をも断ち切ったことだろう。

それにしても、いくらイスラエルの民を奴隷状態から解放するためだといっても、出エジプトにあたって神がエジプト人に向けた仕打ちはひどすぎるように思える。「一神教の誕生」がこんなに恣意《しい》的な、一民族への偏愛でよいのかと考える人もいるかもしれない。宗教史学的にいっても、モーセの頃の「神」は明らかに民族神であり、それが後に「最強の神」から「唯

現在のサマリア人の過越の祝い　サレジオ会関谷義樹氏撮影

一の神」へと変わっていく。

なぜ最強かというと、エジプトでの過激な攻撃はもちろんだが、その後イスラエルの民が神との契約を破って律法を守らなかったり偶像崇拝をしたりするたびに、神が他の国を使って攻めさせるなどしてイスラエルの民を懲らしめたからだ。つまりモーセの神は他の国や他の神々を自由に操ることができる。ゆえに他の神々より優越しているというわけだ。

長い間、西洋キリスト教国は進歩主義的考えを持っていたから、なんとなく、原始的なアニミズムや多神教からより進化したのが一神教であるというイメージを抱いていたが、一神教は、じつは民族神から進化したのである。そしてその特徴は、モーセの民族神がその民族にとって唯一神であったということである。さらに、「唯一神」とは何かというと、要するに、「他の神をあきらめる」ということなのだ。もう少し説明してみよう。

一神教というのは、その伝統のない文化から見ると、多神教とちがって神が一つ（一人？）しかないという数の問題のように見える。それならユダヤ教、キリスト教、イスラム教の神は同じ神のはずであるから、一神教同士で戦争するのは矛盾していると思う人もでてくるだろう。

一神教同士で戦争しているのを見ると、「同じ神」でなく、どの一神教もじつは「自分たちの神」を戴《いただ》いているのであり、互いに他の神を否定しているようにも見える。それならば、それぞれの神の優越を競っているのとたいして変わりがない。

ユダヤ民族の守護神、氏神のようなものだったモーセの神をキリスト教が完全には捨てなかったのは、イエスが救世主であるというメシア思想がユダヤ教の文脈から生まれたことと、初期のキリスト教がまずユダヤ人教会に根を下ろそうとしていたことによるだろう。

キリスト教は、最初に宣教し始めたディアスポラ（離散）のユダヤ人の国際性と抽象的なエネルギーである「聖霊」によって、最初に民族宗教を脱却して普遍宗教（地縁や血縁を救済の条件にしない）となった一神教だ。だからそのルーツにある旧約聖書のローカル性を何とか克服したり辻褄《つじつま》を合わせたりしなくてはならなかった。

そのやり方はだいたい決まっている。確かに神は最初は自分の民であるユダヤ人に約束の地カナン（パレスティナ）を与えるというきわめてローカルなやり方をしていた。しかしそれは、やがてこの地に生まれるこの民族の一人の人間（イエス）を通して神の御業《みわざ》を成就するためだった、という構造である。イエスというユニヴァーサルなメシアを特定するためにだけ、神は延々とローカルな選民の歴史を作ってきたことになる。

ともあれ、モーセの神が、普通の民族神と違って特異な存在であったことは間違いない。普通の定住民の世界では、人間はたいてい森羅万象の中に神的存在を見て拝むようになるものだ。その神々には名前があり形や機能が付与され、その機能別に人間の崇拝や祈願の対象になる。太陽の神、月の神、風神、雷神、海の神、山の神、豊饒《ほうじょう》の神など限りなくリストは増えるだろう。

ところが、苛酷な放浪の環境にあったイスラエルの民の神は、名も姿も分化した機能もない超越神として現れた。放浪の一民族の団結とアイデンティティを支えるには、それが最も強力な方法だったのだろう。そしてその神は、他の神々の偶像崇拝を禁じる。つまり他のすべての神を捨てさせたのだ。この厳しい唯一神を今も受け継いでいるのはイスラム教である。キリスト教はイエスという名もあり姿もあるメシアを神格化した上に、異教の神々をさまざまな聖人信仰で置き換えていったから、結果的に厳しさが緩和された。

それでも「一神教」というものが他の文化圏から見て全体主義的に見えたり攻撃的に見えたりするのは、一神教の布教が、「他の神々」をあきらめさせるところに根本を置いているからだ。ローマ帝国がそうだったように、多神教的世界では他所に強い神（効験《こうけん》あらたかな神）がいるときくと積極的に勧請《かんじょう》して祀《まつ》ってしまう。新しい神も容易に併存できるのだ。だから西洋キリスト教国に植民地支配された国の中には、キリスト教の教えをきいてまず軽い気持ちで帰依した者も少なくなかった。偶像を破壊されたり他の神を拝むことを禁止されたりして初めて一神教とは何かを悟ることになり、抵抗が起きる。うまく「奇跡」などが起きて、キリスト教の神だけでも十分やっていけるという効能を信じなければ、なかなか一神教には改宗できない。

教義の善し悪しや信仰の純粋性などの比較ではなく、他の神をあきらめられるかという一点が最大の問題なのだ。こう考えると、一神教を奉じる人々とは、それぞれ他の神をあきらめて唯一つの神を奉じているというだけで、その神が「唯一ゆえに同じ神である」かどうかはまったく別の問題なのだということが分かるだろう。逆に、たとえ一神教を奉じているという人や社会でも、原理主義的なグループをのぞいて、実際は他の神や偶像もあきらめきっていない緩やかで曖昧なゾーンもたくさんあるという現実も理解しなくてはならない。

モーセの神に話を戻そう。イスラエル一二部族に雲の柱や火の柱によって道を示し、天か

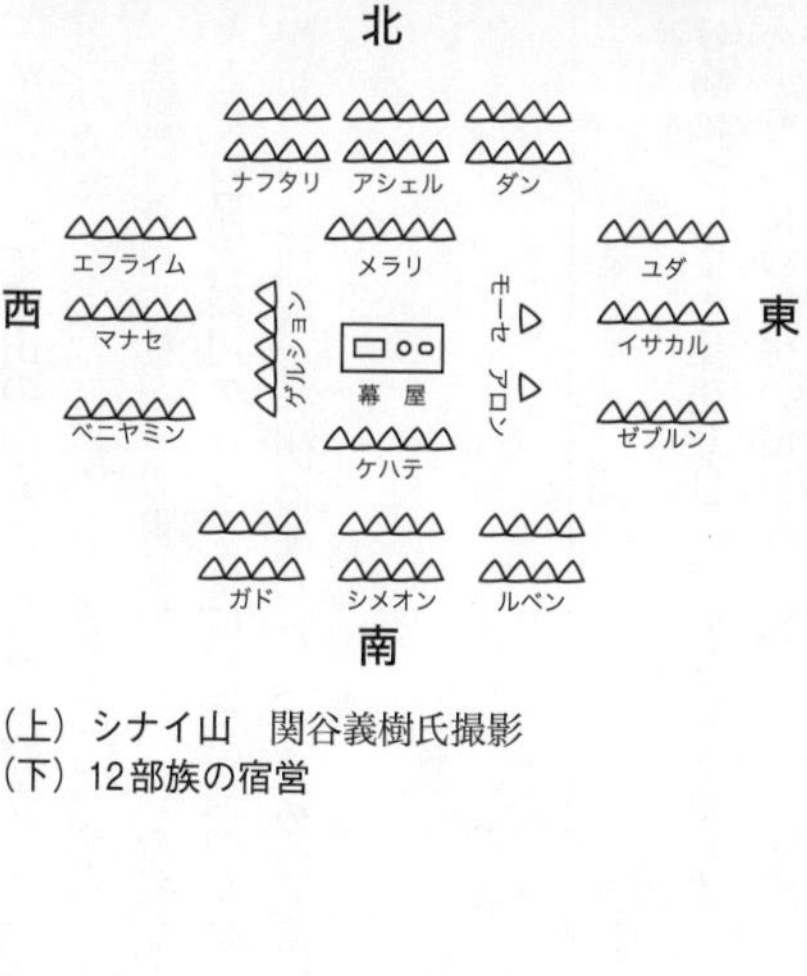

（上）シナイ山　関谷義樹氏撮影
（下）12部族の宿営

ら食物を配給して導いた神は、やがてシナイ山のふもとに民を宿営させる。そしてモーセを通して十戒を始め多くの律法を与えた。中央に幕屋（神を礼拝する聖なるテント。契約の櫃《はこ》、生贄のための祭壇、燭台《しょくだい》、洗盤、香壇、机がその備品であり、拝む対象となる神像はもちろんない）を建設し、モーセとその兄大祭司アロンを東に、その他のレビ族（祭司で幕屋の奉仕管理をする）を周りに配し、一二部族を外側に配した（前頁の図参照）。イスラエル国家の原型が成立したと言っていいだろう。

三　レビ記

●あらすじ

一〜七章　幕屋の捧げ物についての律法（目的別の動物や穀物）
八〜一〇章　祭司の務めと行いについての厳格な律法
一一〜二二章　食物、保健衛生、日常生活に関する律法
二三〜二五章　主の祭についての律法（安息日、安息年）
二六、二七章　報奨、刑罰、規定。誓いの方法、聖別のしかたなど

「レビ記」のレビとは祭司の役割を担う人々のことで、モーセが神の聖霊に導かれて民の生

活や祭司の仕事や典礼について書いたとされている。神話的や説話的なイメージを喚起する創世記や出エジプト記とちがっていかにも「律法の書」らしい。保健衛生や食べ物の繁雑な規制については、当時の他の国々も似たような法律を持っていたことが分かっている。

イスラエルの民らしい部分は、神の姿をかたどった偶像なしでの礼拝システムだろう。他の規制は当時の気候や生活条件と密接にかかわっているので現代世界ではあまり意味をなさないものも多いが、今でも民族的アイデンティティの表現としてユダヤ人に守られているなど、キリスト教でも原理主義的な流派にはこの律法を厳守するものがある。

イエス自身は、律法が人のためにあるのであって、人が律法のためにあるのではないという柔軟な姿勢を持っていたために、原理主義的な祭司たちから憎まれた。キリスト教はこの律法の書を正典としているわけだが、その中の生贄のシステムはすべて、後にイエス自身が自分を神にささげ、神とすべての人のために平和をもたらしたことのシンボルであると読み解いている。

四　民数記

●あらすじ　シナイ山のふもとの宿営を出発してカナンに着くまで

一～一〇章　民の人数を数え、部族の配列、幕屋の備品の移動を準備

一一～二〇章　民は荒野をさすらい神は律法を授けつづける
二一～三六章　ホル山からモアブの平原を旅して約束の地へ向かう

イスラエルの民はシナイ山を出発した後も、すぐにはカナンに向かわなかった。偵察を派遣したものの、意見が分かれたのだ。四〇年のさすらいは、彼らが神を信頼しなかった報いだった。モーセ自身も神の命令に正確に従わないという罪を犯したし、行程のつらさに不平を言った民は神につかわされた蛇にかまれて死んだ。人々が後悔しモーセが祈ると、神は青銅の蛇が竿《さお》に巻きついている杖《つえ》を作らせ、それを仰ぎ見る者の傷を癒《いや》した。この巻きつく蛇の図像は、今でもヨーロッパの薬局のシンボルマークになっている。神は偶像の崇拝を禁じたものの、時と場合によってはそれなりのシンボルを信仰のよすがとして与えてやったわけだ。

それに対して民がヨルダン川の東のほとりにあるモアブの娘たちと通じて彼女らの神々を拝むと、神は猛烈に怒って疫病で二万人以上を殺した。ここにも唯一神信仰とは他の神々をあきらめなければならないことだという命題がうかがえる。

人々の数が新しく数えられた。二〇歳以上の者が一二部族あわせて六〇万人以上いたというから、都市国家くらいの規模で移動していたわけだ。といっても四〇年のうちに世代は入れ替わった。エジプトを出た時に二〇歳以上であった人々のほとんどは、神に完全に従わなかったので約束の地を見ることができなかったのだ。アロンも一二三歳で死に、神はモーセの後継者としてヨシュアを選んだり、約束の地をどういうふうに一二部族で分けるかなどの準備をさせたりした。

五　申命記

●あらすじ

一～四章　モーセの第一の演説。神を想起して従うことを誓わせた
五～二六章　モーセ第二の演説。律法を復習。神を怒らせないように民に警告する
二七～三三章　モーセ第三の演説。神と民の協定を復習。神の守りを保証する
三四章　神はネボ山の頂上から約束の地カナンをモーセに見せた。モーセは一二〇歳で死んで、死海の東、モアブに葬られた。ヨシュアが新しい指導者になった

「申命記」は律法の書（モーセの五書）の最後の一書である。

「第二の律法」という意味のギリシャ訳タイトルが示すように、旅の最後にモーセが民に律法をもう一度確認したものだ。神が民のためにしてくれたことを思い出させ、約束の地カナ

ンに着いたら神に仕えるようにと命じた。また自分の死後も同胞のために神の言葉を仲介する預言者が出るだろうと告げている(一八・一八)。これが、モーセの跡を継いだヨシュアを始めとして次々とつづいた預言者の伝統を用意した。キリスト教においてはその究極が救世主イエスにほかならない。

律法の五書はユダヤ教の基本経典となっていて最重要なものだ。それはイスラエルの民の歴史でもあるが、どこまでが神話でどこまでが現実を反映しているのかは依然明らかではない。

たとえば「申命記」の中でモーセがカナンの山々からは銅を採ることができると言っている(八・九)が、おそらくソロモン時代に採掘された銅山が発見されたように、考古学的につじつまのあう事実も多い。

確かなことは、エジプトあたりから紀元前一五世紀前後にカナン地方に移動して定住するようになったのがユダヤ人の先祖であるということだろう。まずヨルダン川の東からヨルダン川を渡って中央山域を南北に沿って占領し、一部はもう一度ヨルダン川の東へ渡って東側も占領した。地中海沿岸は海から上陸したペリシテ人がほぼ同時期に住み着いて、イスラエルの民との間はシェフェラという丘陵地帯で隔てられていた。

現在の研究では、律法はじつは徐々に完成したものだと推測されている。成文化されたものとして最も古いのは契約の書で、その後、ヨシヤ王の宗教改革(前六二二)で発見されたとされる申命記法典、バビロン捕囚後に帰還したユダヤ人が体制を立て直した第二次宗教改革の結実としての祭司法典（レビ記参照）などが加わって完成した。つまりモーセの五書とは、紀元前五世紀のユダヤ人の律法観の表現だと言えるのだが、同時に、イスラエルの宗教制度と政治制度の基礎を築いたモーセという歴史的人物が存在したことを伝えるものでもあるのだ。

2　歴史の書

旧約聖書の第二の区分である歴史の書には一二の書がある。歴史といっても、ユダヤ人の歴史観は歴史の宗教的解釈にほかならない。他国に征服されたり疫病におそわれたりするたびに自らの罪を反省して律法や儀式の体系を立て直すという繰り返しなのだ。

─　ヨシュア記

モーセに率いられてヨルダン川の東にまでたどりついたイスラエルの民が、後継者のヨシュアと共にいかに「約束の地」カナンに入ったかといういわば国取り物語になっている。

一、二章　軍隊の動員

三〜五章　前進
六〜一二章　戦争
一三〜二二章　土地の分割
二三、二四章　ヨシュアの死

カナンの町に住んでいた人から見ると明らかに侵略されたわけだが、カナンの国々はその邪悪さ（主として偶像崇拝だが）のために、神がすでに裁こうとしていた国々だったことになっている。ここでイスラエルの民の神は単なる氏神ではなく他の人間の善悪をも裁くという、優越思想が見られるようになる。絶対唯一神へと順調に拡大していくわけだ。

イスラエルの民は契約の櫃をかついでヨルダン川を渡り、エリコの町を攻める。戦況がイスラエルに都合のいい時は、神が助けてくれたと解釈され、不都合になると、イスラエル軍の一人が罪を犯した（幕屋に納めるべき戦利品を秘匿《ひとく》したなど）せいだと解釈されている。

こうしてヨシュアの軍はカナンの多くの王を打ち破って、土地をイスラエルの一二部族に分割した。彼らがアブラハムの孫ヤコブ（イスラエル）の息子たち、エジプトに移住した一二人の息子たちの子孫であるとされる。ただしレビ族は祭司とその助け手として幕屋で奉仕するように選ばれたので領地は持たない。そのかわり、ヤコブの息子ヨセフ（最初にエジプトの高官となって兄弟たちを受け入れた息子）の子孫のエフライムとマナセがそれぞれ独立した部族の先祖となっている。

ヨルダン川の東にはガドとルベンの地方、エルサレムを含む死海の西側はベニヤミンとユダ地方だ。後にこのユダ地方だけが存続していわゆるユダ王国やユダヤ人という語の起こりとなっていく。他の部族は混血したり離散したりしていった。イエスの時代にユダヤ人から敵視されるサマリア人もそんなイスラエルの民の子孫だと思われるし、一部のイスラエルの民が日本の東北地方に移住したなどという伝説（?）も、このあたりの事情から来ている。

ヨシュアという名前は同時代（紀元前一四〇〇～前一三七五年あたり）のエジプトの粘土板文書に見いだされるので、ヨシュアが実在の将であった可能性は大いにある。イスラエルの民の名誉のために言っておくと、彼らは必ずしも力による侵略戦争ばかりしたとは限らず、発掘されたエリコの町の廃墟にも手荒な攻撃の痕跡がはっきりとあるわけではない。破壊や殺戮《さつりく》をせずに友好的にのっとったケースもあるのかもしれない。しかしそれは少なくとも、偶像崇拝をやめさせてイスラエルの神に帰依《きえ》させるという宗教侵略であっただろう。ところが実際はイスラエルの民の方が偶像崇拝に傾いたケースも少なくなかったようだ。

二　士師記

紀元前一三七五～前一〇五〇年あたりの話。唯一神を戴いてカナンの地を征服したはずのイスラエルの民は、定住するとたちまち偶像崇拝の誘惑にかられる。出エジプトの試練、放

サムソン（右）とデリラ　ルーベンス　ロンドン　ナショナル・ギャラリー

浪や戦争の試練の中では、姿も名もない絶対神が民族団結の大きな力となったが、カナンで定住民化した上に、多神教の伝統の長い先住民と交わるうちに他の神に心が動いた者も多かった。

偶像崇拝が起こるたびに、神は民を罰するために敵国がイスラエルの民を征服することを許した。イスラエルの民が助けを求めて神に祈ると「裁き人、統治者」という意味の士師《しし》という指導者が神に選ばれて民の道を正すことになる。民を救った最もドラマティックな人物は西洋文化のクラシックなテーマとなった怪力サムソンである。

つまり、「偶像崇拝→神罰として敵国に征服される→後悔して神に祈る→神が士師（実際は神の言葉で民を団結させ士気を高める名将として機能する）を送る→また偶像崇拝に陥る」という循環になる。

ユダヤ人というと、しっかりと彼らの神を崇拝しつづけていたのかと思うだろう。しかし前述したように、一神教の難しさはいかに他の神々をあきらめられるかというところにあるので、平和がつづいて緊張感が緩んでくると、人々はいっせいに私欲を実現させるように偶像崇拝に走ったようだ。ひとたび苦境に陥ると民族的宗教心がよみがえってくるのだが、まさに「懲りない人々」という形で悪循環がつづいたわけである。

イスラエルの民が全体としてはまだ一二部族の連合であって統一王国ができておらず、強固な基盤がなかったことも、盛衰の繰り返しの原因であっただろう。また「イスラエルの民」という名のもとに各地の逃亡奴隷や半遊牧民がカナンの地に合流して唯一神の律法を試行錯誤しつつ雑居していったという事実もあったろう。

三　ルツ記

女性の名を冠しためずらしい書。時代は「士師記」と同じで紀元前一二世紀前後だと思われる。ルツは死海の東南側でイスラエルの民の領地ではないモアブの国の出身の女性だが、イスラエルの神を拝していた。夫がユダの出身だったのだ。夫の死後ヨルダン川を西へ渡って姑のナオミと共にユダのベツレヘムへ行き、ナオミの金持ちの親戚と再婚した。この結婚によって始まった家系からイスラエル統一王国の王ダビデ（ルツの曽孫にあたる）やその子のソロモン、その数百年後にイエスが生まれることになる。ヨルダン川の北の端にあるガリラヤ湖近辺の地方であるナザレのヨセフとマリアの子であるイエスがわざわざユダのベツレヘムで生まれたとされているのは、このイスラエル統一王国のダビデの家系であることを強調するのに役立っている。

四、五　サムエル記上下

作者は不明。まず最後の士師サムエル（「神に願い求めた」という意味）の時代から統一王国にいたる指導者の移り変わりが書かれる。

上
一～八章　最後の士師サムエル
九～一五章　イスラエルの最初の王サウル
一六～三一章　選ばれた新しい王ダビデ

イスラエルの民は部族連合であり他の国のような王がいなかった。彼らにとっては神が王だったのだ。しかし一神教を奉じる人にとって他の神をあきらめるのが時として困難なように、他の国のようにいわば世俗の神である王を持たないでいることも難しいことだった。人々が王を願い求めるので神もあきらめて、民に王を持たせるようにとサムエルに告げる。これ以後、他の国によくあるように、王と預言者、または王と祭司が並列するシステムができるのだ。

キリスト教のイエスがダビデ王の家系であるとされたことで、イエスが王であり同時に神であること、世俗と聖なるものが対立しやすい並列システムが終わりを告げたことを示すことになった。

しかしサムエルに託された最初の二人の王の人選は難しかった。サムエルはまずサウルを選んで民に示した。この時の儀式は頭に油を注ぐもので、神に選ばれたことを表している。「油を注がれた者」はメシアの語源となり、その後キリスト教化したヨーロッパの王たちが戴冠式に取り入れた。カトリックで洗礼の時には水を注ぐが、堅信《けんしん》や臨終の時には額に塗油するのもその名残だ。

サウル王は将として秀れアンモン人を破ったが、神に背く行いを何度も繰り返した。神はベツレヘムの若い羊飼いであるダビデを次の王とするようにサムエルに告げた。サムエルに油を注いでもらったダビデはすぐに王位についたわけではない。サムエルが死に、サウルとその息子たちがペリシテ人との戦いで死んだ後でようやく王になった。しかも最初は南のユダ（ユダとシメオンの二部族）の国の王となり、七年後にようやく一二部族の統一王国を治めるようになった。結果的には、戦死したサウルに代わって、より強力な将であり戦果をおさめ

ダビデ　ミケランジェロ
フィレンツェ　アカデミア
美術館

たダビデが実力でのし上がったことになる。

若く美しい時代のダビデがペリシテ人の巨人戦士ゴリアトに石を投げて殺した逸話は有名で、ミケランジェロのダビデ像のテーマとして世界中に知られている。

下

一～一〇章　ダビデはユダの王となり後に全部族の統治者となる。首都をエルサレムに定め、ペリシテ人と戦って神の契約の櫃を持ち帰った

一一～二〇章　ダビデは堕落し、家族間でも陰謀や殺害が繰り返される。罪と罰と赦《ゆる》しの循環がまた始まる

二一～二四章　ダビデの晩年。神に感謝し多くの歌を捧げた。しかし再び神を疑って民の数を数えたので、怒った神は疫病を民に送り多くが死んだ。ダビデは祭壇を築き和解の生贄を捧げて神に赦された

ダビデの統治時代は紀元前一〇一〇年から前九七〇年頃の約四〇年間（そのうち最初の七年は南のユダの王だった）である。シオンの要害とか砦《とりで》と呼ばれたダビデの町は現在のエルサレム（「平和の町」という意味だ。現在の状況を考えると皮肉である）の町の一部として発掘されている。エルサレムはダビデがエブス人から攻め取った町（サムエル下五・六～

七）で、泉があり丘の上にあったので防御しやすい地形だった。ダビデは最初の王としてイスラエル「建国の雄」的な部分があるのだが、神に対しては完璧ではなく罪を重ねている。しかし預言者ナタンは、ダビデの身から出る子が神の子となり末長く続く王国を建てると神が約束したと告げる（サムエル下七）。

これはダビデの息子のソロモンを指していたのだろうが、結局ソロモンもそれまでの統治者の例に漏れず偶像崇拝などの罪を犯して罰せられ、死後に王国は分裂した。キリスト教徒はこのナタンの預言がダビデの家系に生まれるイエスが神の子であり永遠の王国をうちたてることを示していたと解釈する。

オリーブ山から見た現在のエルサレム市街　関谷義樹氏撮影

ダビデが民の数を数えたことで神を信頼していないとして怒りをかったという逸話は、「数えることのタブー」を反映していると言われる。「民数記」でモーセが神の指示に従ってイスラエルの民の数を数え上げたことから考えると意外である。民俗学者のジェームズ・フレイザーは、アフリカやアメリカやヨーロッパの各地で人や子供や家畜や果実の数を数えることを嫌う風習が残っていることから類推できるように、このような迷信があったのだとしている。

数を数えることが不吉だというのは写真を撮られることの不吉さと似ている。呪術的に抽象してしまうという一種の非実在化の手続きだと思われたのだろう。ナチスの収容所でユダヤ人が腕に番号をつけられた歴史もあるし、国民総背番号制への反発など記号化への恐怖として今も残っている普遍的なものかもしれない。もっとも、イエスの時代にはローマ帝国の方針によりまた人口調査が行われ、そのおかげでイエスはダビデやヨセフの出身地ベツレヘムで生まれることになった。人の数を数えるかどうかは神の気分次第ということらしい。

六、七　列王記上下

著者は不明。紀元前九七〇年から紀元前五八六年のエルサレム滅亡までの歴史で、エルサレム滅亡の前後に預言活動をしていたエレミヤかその時代の歴史家の書いたものだと推定される。

上

一〜一〇章　ソロモンの治世。ダビデは死ぬ前にソロモンを後継者に選んだ。ソロモンは王位を守るために、反逆した兄弟まで処刑したが、神には大いに祝福され、知恵と富と名声を得た。契約の櫃を入れる幕屋の二倍もある美しい神殿を建設し、強力な軍隊と船団を作り上げた。多くの町を建設

し、エチオピアかイエメンあたりにあったと思われるシェバの国から女王が贈り物を携えてやってきた

一一〜一六章　偉大なソロモンも、世俗の権力を得た者の常としてやはり神に背き、ソロモンの死後には南のユダ王国（二部族）だけがその息子に受け継がれた。北の一〇部族はイスラエル王国として、神に選ばれたヤロブアムという王に統治された。しかしどちらの王もまた神に背き偶像崇拝に走ってしまう。南王国ユダには後に善王アサが出るが、北王国イスラエルにはアハブという最悪の王が出てバアル神の偶像崇拝のための神殿まで建てた

一七、一八章　預言者エリヤがバアル神の預言者たちに挑んで打ち破ったが王によって荒野に追われた。エリヤは後継者としてエリシャを選び訓練した

一九〜二二章　アハブの悪行がつづく。悪行といっても将としてはそれなりの戦果を上げたのだが、結局戦死してしまった

下

一〜九章　エリヤとエリシャの預言活動。目をひくのはエリヤが竜巻によって昇天したというシーンだ。エリシャは子供を生き返らせたり病人を癒したり

という奇跡を行った。エリシャに油を注がれたイスラエル王イエフはイスラエルとユダの邪悪な王や王妃たちなどを殺して粛清を行った

一〇～一七章

イスラエル最後の時代。イエフもまた完全には神に従わなかったのでアラム（シリア）に打ち破られた。ユダでは七歳で王位についたヨアシュが神殿を修理した。そのヨアシュもシリアの王に攻められて神殿と王宮の財宝を手放した上、家臣に裏切られて殺された。その後、南北の王国は神に不服従のまま何代かつづいたが、紀元前七二二年、アッシリアの王がイスラエルを占領して人々を連行し、他の地域の住民を入植させて北王国は滅んだ。その後再建されることはなかった

一八～二五章

ユダ王国滅亡の時代。賢王ヒゼキヤの後、その子孫は二代にわたって偶像崇拝に走ったが、八歳で王位についたヨシヤの時代にようやく信仰の刷新が起こった。神殿を修理している時に律法の書を発見したのだ。これはこの頃に申命記法典が成文化されたことを示しているのだろう。ヨシヤがせっかく宗教改革に踏み切ったのに、神の怒りはとけなかったらしく、ヨシヤの死後、ユダは他の国々に攻められて、紀元前五八六年ついにバビロニアの王ネブカドネツァルに占領され、農民らをのぞくほとんどの民が捕虜としてバビロンに連行された

「列王記」はイスラエルの民が、アラム（シリア）、アッシリア、バビロニアなどの勢力に次々と脅かされて滅ぼされる記録だ。このあたりになると「歴史の書」にふさわしく歴史的事実と符合してくる。北王国イスラエルの王イエフがシリアと戦うための援助を請うためにアッシリアの皇帝に貢ぎ物をしている様子を描いた石碑なども発見されている。しかし歴史の叙述の仕方は一貫して神との関係の中で罪と罰が繰り返されるという構成になっている。

歴史上の人物を神格化しないで人間的弱さを認めていくのは、神のみを絶対者とする一神教にふさわしいと言えるだろう。

ソロモンとシェバの女王の対面　クニュプファー
サンクト・ペテルブルク　エルミタージュ美術館

八、九　歴代誌上下

「歴代誌」は、「サムエル記」上巻から「列王記」下巻にかけて書かれている歴史を別の観点からたどった書物だ。内容的には重複している。預言者エズラが書いたとも言われている。民が神にいかに背いて罰せられたかという見方ではなく神がいかに民に誠実であったかという見方だ。だからこの書は、エルサレム神殿が破壊されて民がバビロンに連れ去られたという悲劇的な場面で終わるのではなく、七〇年後にバビロンが滅んでペルシアの国が起こり、ユダヤ人が捕囚から解放されてエルサレムに帰還する許可を得たところで終わっている。

つまりバビロン捕囚も帰還も、降ってわいた災難などではなく神の計画の一部であって、神がエレミヤ（エルサレム滅亡前後の預言者）に告げた計画を成就したのだと解釈する。ペルシャ王キュロスがユダヤ人を解放したのも、神が聖霊によってキュロスを動かして主の神殿をユダにあるエルサレムに建てよと命じたからだと説明される。「サムエル記」や「列王記」では、神も王の人選を誤ったり民の不服従に手をやいて怒ったりとかなり混沌とした印象だが、「歴代誌」では、最終的にはすべてが神の思惑どおりだったのだと解釈される。

他文化の人間からみれば、全能の神がどうしてそんなに人間の罪に振り回されるのだろうという疑問がわくが、それは神が人間の自由意志を尊重するからだとキリスト教的には考えられる。神の使いである天使でさえ堕落して悪魔になるものが現れたように、自由意志はだいたい「堕落」に向かうらしい。神が初めてエデンの園に人間の祖先を置いたときには、能力の高い天使とはちがってかなり無垢《むく》で無害な（しかし神の似姿である）存在にしておいたのだが、知恵の樹の実を食べる自由を残しておいたせいで人には「知恵」がつき堕落した。自由、堕落、知恵は一組になっているのだ。

そして「自由－堕落－知恵」を備えた人間はその重みによって、神と激しい情動的な関係を持つことになる。しかも他の神々には頼れない一神教の世界だからこのパッションはますます高いテンションを持ち、線的な全歴史がそこから展開していくことになる。「繰り返される罪の弾み」によってたえず更新されるこの歴史と歴史観の激しさは、ユダヤ＝キリスト教の伝統が人類にもたらした一つの魅力にもなっている。

一〇　エズラ記

「歴代誌」につづいて、ユダヤの民のバビロンからの帰還と神殿の再建など、いわば民が改心して神との関係を再構築する様子が書かれる。紀元前五三八年、最初にエルサレムに帰った時に人口調査があり、神殿建設のための第一次帰国者は四万二三六〇人となっている。ペルシャ王の交替によって神殿建設には紆余曲折があったものの、紀元前四五八年には預言者エズラに率いられる第二陣の約二〇〇〇人も無事エルサレムに帰還できた。

しかし最初の帰国者たちは神殿は建てたものの、エルサレムにいた偶像崇拝の民たちと共存したり通婚したりしていた。ここでも「他の神々をあきらめる」という一神教の難しさが分かる。エズラが乗り込んで神に赦しを乞い、民は罪を悔いて神に従うことを誓った。

この時代に建てられた第二神殿に使われた石は、そのずっと後に建てられたヘロデ王の神殿遺跡が発掘された時に発見されている。

一一　ネヘミヤ記

ペルシャ王アルタクセルクセスに仕える高官であったユダヤ人ネヘミヤが主人公。各地にちらばった神の民がエルサレムに戻ることを願ったネヘミヤはペルシャ王の許可を得て紀元前四三二年エルサレムに戻り、町の城壁を修復した。周囲の状況は緊迫していたが神の加護により城壁はわずか五二日で完成した。この奇跡が民の改心を促して、宗教改革者としてのエズラの仕事をたやすくしたのだ。

一二　エステル記

「ルツ記」につづいて女性の名前が冠された書。ペルシャに住んでいたユダヤ人によって書かれたものと思われる。神がどのように民を滅亡から救ったかを記念する行事「プリムの祝い」の起こりが書かれている。バビロンからエルサレムへの第一次帰還とエズラに率いられた第二次帰還との間の出来事で、帰還せずにペルシャに留まっていたユダヤ人の物語だ。エステルは、ペルシャのクセルクセス王に見初められて王妃となったユダヤ女性だ。彼女がユダヤ人であったことからさまざまな陰謀が起こったが、結局ユダヤ人は敵を打ち破り、エステルのいとこモルデカイはペルシャ王の高官に出世した。この勝利を記念したのがプリムの祝いだ。

ペルシャ王の王宮のあったシュシャンという場所がエラム人の町スサであることが後に考古学者によって発見されている。

3　知恵文学

次は旧約聖書の第三グループ、文芸ものとでも言える「詩書」のグループだ。律法の書と同じく五巻（「ヨブ記」、「詩編《しへん》」、「箴言《しんげん》」、「コヘレトの言葉」、「雅歌《がか》」）からなる。民族宗教臭が薄くて、普遍的な知恵や思想が盛り込まれ、ヨーロッパの文学や哲学のルーツの一つにもなった。

一　ヨブ記

時代を遡《さかのぼ》って、おそらくアブラハムの前の時代のカナンに住んでいた敬虔《けいけん》な男ヨブがひどい試練を経てふたたび苦難から解放されるという話だ。

ヨブが神を敬愛しているのでサタンがその愛を試そうとしてヨブに不幸をもたらす。家族も財産も失い恐ろしい病気にかかる。友人たちはそれがヨブの罪に対する神の報いだろうから赦しを乞うべきだと助言する。しかしヨブは不正を犯した覚えはないのでなぜ罰を受けているのか理解できないと言った。

もう一人の友人が、善良な人に悪いことが起こるのを神が許すのには何か理由があるはずだとヨブに告げる。ついに神がヨブに語りかけ、神のすることとその理由はだれにも分からないのだとヨブに悟らせた。

苦難にもかかわらずヨブが決して神を非難しなかったので、神はヨブを癒し新しい家族と以前に勝る富を与えた。

律法や歴史書が「罪と罰と祈りと赦しの堂々めぐり」という、いわば因果応報の分かりやすい構造になっているのに、この「ヨブ記」は「悪」と「神の業《わざ》の不条理」という二つの深刻なテーマをあつかっている。

神は善良なヨブの信仰の強さを試すために、自分の手は汚さないでサタンの好きなようにやらせた。これは善なる神が存在するのにどうしてこの世に悪が絶えないのかという問いに対する一つの答えになっている。つまり神は悪に対抗できないのではなく、時としてサタンの活動を黙認するということだ。

次に、信仰における論功行賞という人間の単純な期待にクギをさし、神に対する服従と不服従という物差しだけでは人間の運命は測れないという厳しい事実を突きつける。どんなに努力をしても神による評価は人間の価値観を超えているのだ。生と死や病や栄枯盛衰の運命に意味を求めるのが宗教なのに、神は理由や意味を拒絶することがあるのだ。しかも、理由のない苦難にあって「神も仏もあるものか」という絶望の言葉を口にしてはならない、無条件の信仰が求められている。

ヨブの後の時代にアブラハムも同じような試練を受けたことを想起しよう。アブラハムはようやく授かった息子のイサクを生贄として捧げよという神の不当な命令に従わなければならなかったのだ（「創世記」二二章）。アブラハムは最後の瞬間に息子の命を神に救われたが、ヨブは愛する子（男七人と女三人）を一度にすべて失った。苦難の後にまた同じ数の子を得て一四〇歳まで生きて孫を四代まで見て死んだという結末になってはいるが、後からできた子の数や自分の長寿で最初の子供たちの死が贖《あがな》えるものでは決してないだろう。

ひどい試練の間にもヨブが神を呪わずにいられたその唯一のよすがとなった理屈としては、「私は裸で母の胎《はら》を出た。また裸でかしこに帰ろう。主が与え、主が取られたのだ」という有名なフレーズに集約することができるだろう。これは同じ詩書の「コヘレトの言葉」にある「空《くう》の空、空の空、いっさいは空である」というこれも有名なフレーズと共に一種実存的な諦念《ていねん》の表現であり、この世で得たものに執着しない仏教的とも言える境地を思わせる。

罪なくしてひどい仕打ちを受ける者の代表者は新約聖書のイエスかもしれない。イエスは神の子として人類すべての罪を贖うために殺されたとされるのだからヨブとは状況が違うが、「ヨブ記」の嘆き節があまりによく書かれているので、その後のキリスト教世界では、信者が不幸な目に遭うたびにイエスやヨブの苦しみが何度も何度も想起されることになった。

自分の身の幸福はすべて当然であり、不幸はどんなにささいなものでも不当であると感じてしまう人間がほとんどであることを思えば、「ヨブ記」が果たした役割は計り知れないものがあるだろう。

二 詩編

神を賛美する歌の集成。多くの作者がいると思われるが主な作者であり収集者であったのはダビデ王だ。ダビデの聖歌隊の指導者アサフと神殿で奉仕する音楽家の一族「コラの子たち」もかかわっている。五つの詩編集からなっている。テーマは諭《さと》し、賛美、感謝、悔い改め、信頼、苦悩、希望、歴史など多岐にわたる。第一三六編などは神殿でレビ人が各節の初めを唱えて聖歌隊と掛け合いをしたのだろう。第一五〇編は楽器を奏でて踊り主をほめたたえよと歌っている。角笛や竪琴《たてごと》、太鼓、シンバル、笛などが出てくる。こういう明るい大らかな神の賛歌を見ていると、旧約時代の民と神の関係は、まんざら「不服従で懲りない民と怒って罰ばかり与える神」というものだけではなかったのだとほっとする。

「詩編」はキリスト教のミサでも歌われ、種類が多いので典礼《てんれい》のそれぞれの文脈にぴったりのものを見つけることは難しくないし、けっこう感情移入もできる。第一三七編はバビロン捕囚の民が望郷の念にかられて歌ったもので「バビロンの流れのほとりに座り／シオンを思って、わたしたちは泣いた」という抒情が切々と歌われる。川のほとりの柳に竪琴をかけて「エルサレムよ／もしも、わたしがあなたを忘れるなら／わたしの右手はなえるがよい。／わたしの舌は上顎にはり付くがよい／もしも、あなたを思わぬときがあるなら／もしも、エルサレムを／わたしの最大の喜びとしないなら」と激しい思いを述べ、バビロンの娘からその子を奪って岩に擲《なげう》つ者は幸いであると復讐の念も表現している。

この「詩編」の中で、バビロニア人に歌を歌えと言われたユダヤの民は、外国にあってどうして主の歌を歌えようかと反発した。ここには万物を創造した唯一神というより、自分たちの「父なる神」への思い入れがあるのだ。

キリスト教にとって「詩編」が重要なのは、イエスが自分について「『詩編』に書いてあることはすべて成就する」（ルカ二四・四四）と言っているからでもある。メシアが来ることに言及していると言われるメシア「詩編」は一二編（二、一六、二二、二四、四〇、四五、六八、六九、七二、九七、一一〇、一一八）あって、新約聖書の中にもたくさん引用されている。「詩編」の書かれたダビデ時代からバビロン捕囚時代と言えば、イエスの頃から五世紀も一〇世紀も昔になるが、新約時代のユダヤ人にとってしっかり根づいた古典であったのだろう。

特に「詩編」第二二編は「わたしの神よ、わたしの神よ／なぜわたしをお見捨てになるのか」という悲痛な言葉で始まっている。これこそは十字架にかけられて苦しんだイエスが発した言葉だ。他にも「さいなむ者が群がってわたしを囲み／獅子のようにわたしの手足を砕く」とか「わたしの着物を分け／衣を取ろうとしてくじを引く」などイエスの受難に符合する描写がある。福音書作者がイエスがメシアであることを立証するために脚色したか強調したのかもしれないし、イエス自身がそういう「苦難のカルチャー」を無意識になぞったのかもしれない。

しかも「詩編」第二二編の「わたし」は犬の力、獅子の口、雄牛の角に攻撃されて「水となって注ぎ出され／骨はことごとくはずれ／心は胸の中で蠟のように溶け」、「口は渇いて素焼きのかけらとなり／舌は上顎にはり付く。あなたはわたしを塵《ちり》と死の中に打ち捨てられ」たという壮絶な目に遭ったので、イエスだけではなくその後につづいた膨大な数のキリスト教殉教者たちにも追体験され共同の支えとなったに違いない。

三　箴言

賢者として知られるソロモン王は三〇〇〇の「箴言」を語ったと伝えられている（列王記上五・一二）。格言を短い韻文で連ねるスタイルは箴言文学のモデルにもなった。民族宗教的な色合いは少なく人生における知恵と教訓のようなもので、昔の日本人が『論語』を引き合いに出したようにキリスト教社会でも長い間さかんに暗唱をすすめられた。「わが子よ、父の諭しに聞き従え。母の教えをおろそかにするな」（一・八）や「怠け者よ、蟻のところに行って見よ。その道を見て、知恵を得よ」（六・六）など父母の尊重や勤勉の奨励など東西共通のクラシックな教えだが、その知恵をもってしても、ソロモンが晩年には神に背いて堕落したことを思うと、人間とは「悪において善を渇望する」存在なのだと感慨を覚えてしまう。

四　コヘレトの言葉（伝道の書）

これもまたソロモンの言葉。といっても、権力者がおかかえの詩人に文章を注文して自分の名を冠するのは古今東西の常識だから、当然のことながら、「箴言」もこの書も、必ずしもすべてがソロモンの自作だと限らない。

「箴言」が人生における指針や知恵を授けたのに対して、「コヘレトの言葉」は人生の意味について語ったものだ。知恵と富に恵まれたソロモンがそれらの空しさを語るという、ほとんど仏教的な厭世観が展開される。しかし、要するにすべてのことは神の御手の中にあり、今は不正に見えることでも未来においてそれが必要な出来事であったと分かるというふうに、仏教的な「前世の報い」という観点とは逆になっている。人がなすべき最善のことは神に従うことである、という結論は確固たる唯一神の信仰を前提としているのだろう。

五　雅歌

これもまた「ソロモンの歌の中の歌」となっている。絵画的なイメージを非常に豊かに繰り広げる愛の歌で、恋人たちが互いに相手をたたえる表現のプロトタイプを形作ったほど人口に膾炙《かいしゃ》した。フレッシュで力強く旧約世界に軽やかな明るさをもたらしている。

「箴言」、「コヘレトの言葉」、「雅歌」と多彩な作品を聖典の中に残したソロモンは、旧約時代最高の賢者、知者ということになっていた。そのキャラクターがよほど魅力的だったのか、後にキリスト教世界の秘教的（エゾテリック）な流れの中でよく使われる常連となったのもおもしろい。中世の魔術書には『ソロモンの鍵』というようにソロモンの名を冠して天と地の照応関係を解説したものが時々あるし、フリーメイスンのシンボルにもソロモンの建てた神殿がよく使われる。メルキュール、ヘルメス、モーセ、ソロモン、イエスが同じ秘儀伝授の系譜だという考え方もオカルティストからニューエイジまで何度も繰り返された。

4　預言書

律法の書、歴史の書、詩書につづいて旧約聖書の四つ目で最後のグループが預言書だ。大預言書五巻と小預言書一二巻からなっている。大小は長さに関わるもので、重要性とは関係がない。預言者はサムエルからはじまって五〇〇年くらいの間に二〇人近く現れて、特定の民族を対象に神からのメッセージを伝えた。民が神に従わないという状況が起こるたびに現れて民に改心を求めたり警告したりしたので、その立場は決してたやすいものではなかったし、王との関係も微妙だった。

統一王国にサムエル、北王国にアモス、ホセア、南王国にヨエル、イザヤ、ミカ、エレミヤ、ハバクク、ゼファニヤ、ペルシャの北方ニネベには鯨に飲み込まれたエピソードで有名なヨナとナホム、バビロンでは黙示録的ヴィジョンで有名なダニエルとエゼキエル、死海の南側のエドムの人々にはオバデヤ、バビロンからエルサレムに帰還したユダヤの民にはハガイ、ゼカリヤ、マラキ、がそれぞれメッセージを伝えた。

●大預言書

一　イザヤ書

北王国がアッシリアに滅ぼされた時代（紀元前七二二）に南王国ユダのエルサレムで生涯の大部分を過ごしたイザヤの預言書。四人の王の治世にまたがる。イザヤが生まれた頃はローマやギリシャの大きな王国が興ったばかりだった。

一〜三九章　神の裁きのメッセージ。北王国がアッシリアに滅ぼされた後でエルサレムに起こったこと、神が南王国をアッシリアから守ったこと、しかしバ

四〇～六六章　ビロニア人がやがてユダを滅ぼすであろうことを告げる神の慰めのメッセージ。神は民に正しい生き方をするように敵を用いることもある。民が神に従うことを学んだ時には神が再び民に力を与えるだろう。いつか救い主を遣《つか》わせ、すべての国に神の栄光が示される。民は裁かれ罰と報酬を与えられる

北王国が滅ぼされたことによる危機感のもとで、やがて南王国にも来《きた》る試練の時を予告した。神は「わたしが主、ほかにはいない。わたしをおいて神はない」（四五・五～六、二一、四六・九など）とさかんに繰り返す。「わたしは初めであり、終わりである」（四四・六）という有名な表現もあり、「わたしこそ主、わたしの前に神は造られず／わたしの後にも存在しない」（四三・一〇～一一）とも言う。単一民族神が絶対神へと増幅していくメカニズムがあらわになっている。「わたしはあなたたちを造った。わたしが担い、背負い、救い出す」という造物主の悲壮な決意（四六・四）すら感じさせる。

キリスト教的に重要なのは四九～六六章で、イエス・キリストについて描写されているとされる。「わたしはあなたを国々の光とし／わたしの救いを地の果てまで、もたらす者とする」（四九・六）ということばで、民族宗教のユダヤ教から普遍宗教のキリスト教への展開を示し、救い主が民に侮《あなど》られて迫害され多くの罪を負って死ぬ（五三、五四）と、イエスの

受難を予告するのだ。その他の場所でも、イエスの降誕が七・一四、九・五、家系が一一・一、聖霊による権能が一一・二、人格が一一・三〜五、四二・一〜四、復活が二五・八〜九、栄光による支配が一一・六〜一六、三二・一に記されているとされるなど、あらゆるところに「イエス」の姿が探される。

　キリスト教が成立していく時代に、その信仰の拠り所としてこの「イザヤ書」が果たした影響は大きい。いや、すでにメシアの到来を待つユダヤ人の共通のイメージの中に「イザヤ書のメシア」があったからこそ、イエスもその使徒たちもその生き方（と死に方）の枠組みを与えられたのかもしれない。

　では本当にどれくらいこの「イザヤ書のメシア」がイエスと重なっているかといえば、符合していない部分はすべて不問に付して、符合している部分だけが強調されているにすぎない。部外者から見ると、いわば「ノストラダムスの大予言」をあげつらってじつは何年のどういう事件を予告していたのだ、と後からこじつけているのと同じ程度の驚きしかない。一定以上の長さを持ったテキストで日付や登場人物の名を特定していないものからは、どんな解釈でも引っ張り出せるという一例に見える

イザヤ　ミケランジェロ　ヴァティカン　システィナ礼拝堂

のだ。

それでもキリスト教の聖書が全体としてカルト的でもなく狂信的な感じも免れているのは、時代と地域に幅があり、多くのルーツを持つあまりにも雑多なテキストを包含する懐の深さ、ロジックに合わないところは無視するだけで切り捨てるわけではないという一種のアバウトさに満ちているからだろう。しかも、神に背いて奴隷にされたり征服されたりしては救われ、やがてまた過ちを繰り返すというあまりにも人間的な「懲りない」歴史と、新約時代にみじめに処刑されてしまったメシア、それにつづく長い迫害の歴史というふうに、屈折した苦しい内容が、たとえばコーランの成立過程でどんどん戦いに勝っていったイスラム教とはちがった味わいを見せてくれるからかもしれない。

二　エレミヤ書

エレミヤは涙の預言者と呼ばれ、偶像崇拝をする民に向かって何十年もの間、やがて訪れる滅亡を警告した。「エレミヤ書」に書かれているラキシュ（ユダ王国にあった堅固な町）の滅亡（三四）については、それを目撃した人々によって書かれた手紙が二〇世紀に発見された。エルサレムの徹底的な破壊（五二）についても、考古学の調査で確認されている。エレミヤも、やがて来られる牧者が神と民の間に新しい契約をもたらす（三一・三一〜三四）と言ってイエスの到来を預言したとキリスト教からは解釈されている。

三　哀歌

預言書の中で預言者の名を冠していない唯一の書だが、長らくエレミヤの作だと言われてきた。何十年も民に警告してきたのについにエルサレムの滅亡を見なくてはならなかったエレミヤの悲痛な嘆きの書としてエレミア書の後に読まれてきた。しかし、旧約聖書の中で最も哀切なこの書には最も励ましに満ちた部分があるという。「主の慈しみは決して絶えない。主の憐れみは決して尽きない。それは朝ごとに新たになる。あなたの真実はそれほど深い」（三・二二〜二三）、「主の救いを黙して待てば、幸いを得る。若いときに軛《くびき》を負った人は、幸いを得る。軛を負わされたなら／黙して、独り座っているがよい。塵に口をつけよ、望みが見いだせるかもしれない」（三・二六〜二九）。

エレミヤ　ミケランジェロ　ヴァティカン　システィナ礼拝堂

四　エゼキエル書

エルサレム滅亡までエルサレムにとどまって嘆いていたエレミヤとちがって、エレミヤより若いエゼキエルはエルサレムの町が破壊される前にバビロンに連行された。

バビロンで囚われの民となったユダヤ人に、すべては彼らの罪の結果であり、まず主のもとに立ちかえらなければ故郷に帰れないといさめたのが「エゼキエル書」の内容だ。

エルサレムが破壊されるだけではなく神に従わない他の諸国民もほろぼされるだろう、と預言したのは、この頃すでにヤハウェを単一民族神から絶対唯一神へと見方を変える意識の展開があったからだろう。しかしエゼキエルも、いつかイスラエルの民は彼らの約束の地に集められもう一度大いなる国民になること、民はすばらしい大牧者（キリスト教にとってはイエスを指す）によって導かれるだろうと、希望を語っている。バビロンのネブカドネツァルの壮大な宮殿と町はかなり発掘されているし、ユダヤの囚人の名簿が載っている粘土板も発見されている。

預言者としてのエゼキエルの特色は、単に神の声を聞いたり聖霊にうながされてしゃべったりしたのではなく、天が開けて見えてきた幻視（ヴィジョン）によって民に語るべきことを知ったことだ。霊に持ち上げられてエルサレムの様子を見に行ったり、四つの顔や四つの翼がある不思議な生き物（実は天使）をみたり、象徴的で超常的なイメージにあふれ、つぎの「ダニエル書」と共に、黙示文学、幻想文学の一つの典型になっている。バビロニアの神話のイメージが混入していると言われる。

五　ダニエル書

ダニエル　ミケランジェロ　ヴァティカン　システィナ礼拝堂

ダニエルもエゼキエルと同様バビロン捕囚の時期にバビロンで預言活動をした。ユダの民だけではなくバビロンにいた異邦人にもメッセージを伝えた。この人は捕囚のユダの民としては例外的な存在だ。一六歳という若さでエルサレムからバビロンに連れていかれたのに、バビロン王の夢解きに成功したり、彼と共に偶像崇拝を拒んだ三人の友が燃える炉に投げ込まれても死ななかったり、さまざまな予言をしたりしたので、王にとりたてられて高い地位にのぼった。ねたんだ者の陰謀でライオンの穴に投げ入れられたが奇跡的に生き延び、王に「ダニエルの神」の優越性を認めさせるのに成功した。

「ダニエル書」の七～一二章は「ダニエルの幻」と呼ばれる不思議な幻視（ヴィジョン）の描写がたくさんあり、黙示文学として、新約聖書の「ヨハネの黙示録」と並んで永遠につづく一種の謎解きゲームをキリスト教世界に提供した。

ダニエルの幻視（ヴィジョン）の中には、やはりイエス・キリストの到来を予言したとされている有名なものがある。

見よ、「人の子」のような者が天の雲に乗り
「日の老いたる者」の前に来て、そのもとに

進み
権威、威光、王権を受けた。
諸国、諸族、諸言語の民は皆、彼に仕え
彼の支配はとこしえに続き
その統治は滅びることがない。（七・一三〜一四）

「人の子」とはイエスの異称の一つだし、「天の雲に乗り」という壮大なイメージも復活のイエスが昇天して父なる神のもとに上げられたことを思わせる。

ユダヤ人がメシア思想を育んでいたのは確かで、イエスをメシアと信じた時点でキリスト教が分派したし、その前も後も、特定の誰かをメシアと認めるたびに少しずつ分派していった。キリスト教がローマ帝国を経由してヨーロッパで発展して絶大なる力を持つようになってからは、この「キリストの国が諸国に広がって永遠の王国として栄える」という思想が全世界に向けての布教を促すことになったわけだ。今のキリスト教は、永遠の国とはこの世に打ち立てるべき国ではなく天の国なのだと解釈して、ようやく帝国主義的宣教の軛から抜け出している。

●小預言書

一　ホセア書

「ホセア」は「救い（ヤハウェは救いである）」という意味で、ヨシュアやイエスと同系の名前だ。紀元前七二二年に滅んだ北王国の預言者で、妻と三人の子があった。彼を捨てて去った妻が奴隷に身を落としていたのを買い戻した。キリスト教的にはこれが罪あるものを救ってくれるイエスの業を先取りしたものだと考えられる。「ホセア書」の中で神がおそらくモーセの時代の出エジプトのエピソードを想起して「エジプトから彼を呼び出し、わが子とした」（一一・一）と言ったことを、新約聖書の「マタイ福音書」の中では、ヘロデ王から逃れてエジプトに逃げた幼いイエスを神が連れ戻した（二・一五）ことで成就したのだとされている。

二　ヨエル書

「ヨエル」は「ヤハウェは神である」という意味の名。ホセアより後の南王国の預言者で、「わたしはすべての人にわが霊を注ぐ。あなたたちの息子や娘は預言し／老人は夢を見、若者は幻を見る」（三・一）という神の言葉を告げたので有名だ。イエス昇天後に天から聖霊が降臨したことによって人々が憑《つ》かれたように異言《いげん》を発し始めた時に、ペトロがこの「ヨエル書」の言葉をひいて神の言葉が成就したのだと解説したからである（使徒言行録二・一六）。このことからも預言書の文章が新約時代の人々によく知られていたことが分かるだろう。

三　アモス書

「アモス」は「重荷を担う者」という意味の名。ユダ（南王国）の羊飼いだったが、特にイスラエル（北王国）で預言活動をした。

彼の頃の両王国は厳しい試練の時代ではなく、非常に繁栄していた。物質的に繁栄した時代に人は神を必要としないらしく、富や土地や偶像に価値を見いだしていた。イスラエルの首都サマリアは厚さ一〇メートルにも及ぶ堅固な二重の城壁で守られていて安全にも自信があったらしい（実際にアッシリアの王はサマリアを攻めるのに三年もかけている）。そんな時代にアモスはあえて民の罪を説き、神を喜ばせる生活を勧め、やがて来る裁きについて五つの幻視（ヴィジョン）を語った。

アモスはシャーマン体質の典型であるらしく、その召命体験は過激だ。祭司アマツヤから預言を禁止されたアモスは、自分は牧者であって預言者でも預言者の弟子でもない、主に無理やり言葉を預けられたのだ、と語っている。

セム族には古代から神と人間を仲介するシャーマンがいた。トランス（変性意識）状態に入って「ヴィジョン系」のメッセージを伝える文体は、後にムハンマド（マホメット）が伝えた『コーラン』のように長短混在した句をたたみかけるような独特のものが多い。

四　オバデヤ書

「オバデヤ」は「ヤハウェの礼拝者」という意味の名。ユダの長年の敵であった死海南方エドムの民に預言を語った。ユダ王国がバビロニアに滅ぼされた時、バビロニア軍を喜んで助けたエドムの民に向かってオバデヤは神が罰としてエドムも滅ぼすだろうし、ユダの民はいつか戻ってきてエドムの地も手にすると告げた。この言葉どおり、エルサレム陥落の五年後にはエドム人もバビロニア王国によって征服された。

おもしろいのはこのエドムの民というのは、「イスラエルの民」の兄弟分であるということだ。イスラエルとはアブラハムの孫ヤコブに神が与えた名で、神はその一族にカナンの土地を約束した（創世記三五）。しかし、もともとヤコブには双子の兄エサウがいて、ヤコブは一種の策略によって兄の長子権と父からの祝福を得たという経緯（創世記二五〜二七）がある。怒ったエサウとはその後和解したとあるのだが、いっしょには住まなかったらしく、エサウの子孫は岩の町エドムに住み着いたわけで、子孫はエサウの恨みを忘れなかったというわけだ。

それらが神話的記述だとしても、こうして見ると、「イスラエルの民」という選民は、アブラハムの最初の子イシュマエル（アラブ人の祖先となる）を追放し、次の子イサクの代ではまた二人の子の一人が「約束の子」という生存競争に勝ってもう一人を追放するという形で選別されてきたことになる。近親間のなかなかシビアな戦いがベースにあるのだ。ユダヤ教とキリスト教とイスラム教が今日でも同じ「アブラハムの宗教」だと言っているのを聞くとけっこう複雑な気にさせられる。

五　ヨナ書

「ヨナ」は「ハト」を意味する名で、アッシリアの首都ニネベの町（ティグリス川上流東岸）で活動した。ヨナは神に選ばれてニネベの町へ送られてニネベの民が悪のゆえに破壊されることを警告しなくてはならなかった。しかしヨナは行きたくなかったし、ニネベの町が滅んでしまった方がいいと思っていたというユニークな存在だ。アッシリアに行くかわりにタルシシュへ向かって船で出発したヨナが嵐にあって海に投げ込まれて巨大な魚（鯨？）にのみ込まれて三日三晩過ごしたエピソードは有名だ。キリスト教はこのエピソードを、イエスが死んでから復活するまで地の中にいたことを先取りするものと見ている。

ともかく、これに懲りたヨナは結局ニネベに行って民に改心するよう説いた。すると、なんと邪悪なはずの民は王もろともあっさり神に赦しを求めたので、神は満足して災いをもたらさなかった。ヨナはこれを不満に思い、死んだ方がましだとまで言って怒った。神は、すべての民を心にかけるのだとヨナを諭した。神に選ばれた立派なはずの預言者としてはあまりにも人間的で、何だかまぬけなキャラクターである。四章しかないが、しばしば激しく極端な旧約聖書の中で、味わいのある小さな物語となっている。

六　ミカ書

「ミカ」は「だれがヤハウェのようであろうか」という意味の名。北王国イスラエルの首都サマリアと、南王国ユダの首都エルサレムの民について語った。活動中に北王国が滅亡したので、特にユダの民に向けて予言した。彼らの国は罪深い生き方のために征服されて苦しむが、その罰はいつまでもつづかないと希望も与えた。

キリスト教にとって「ミカ書」が重要なのは、ベツレヘムに生まれて力と平和をもたらす偉大な王をイスラエルは戴くようになる（五章）と予言したからだ。イエスが生まれるのは七〇〇年も後だが、ともかくベツレヘムという地名を予告したことになる。あるいは逆にイエスがメシアだとする神話が形成されていく過程でナザレのイエスを強引にベツレヘム生まれにしてつじつまを合わせたと考える人もいる。

七　ナホム書

「ナホム」は「（神の）慰め」という意味の名。ヨナと同じくアッシリアの首都ニネベの民について予言した。ヨナの時代に改心して災いを免れたニネベの民は、一五〇年後にはまた邪悪な民に戻っていた。そして北王国イスラエルはすでにアッシリアに滅ぼされて一部の民が捕囚されていた時代である。

ナホムによると、神は敵には怒って復讐するが、神に従う者は慈しみ、苦難の日の砦となってくれる。イスラエルの民を征服したニネベはその邪悪さのゆえに、大洪水で城壁を壊され、攻撃され、焼き尽くされる。この予言は紀元前六〇〇年頃に実現した。ティグリス川が突然氾濫《はんらん》して町の城壁の一部が損壊したところから、メディア人とバビロニア人に侵入されたのだ。

大都市ニネベの廃墟は一八四五年に発掘された。三〇メートル以上の高さの城壁の上には何百という塔が林立し、四台の二輪戦車が横に並ぶ幅員があった上、幅四三メートルで深さ一八メートルの堀に囲まれていたそうだ。

八　ハバクク書

「ハバクク」とは「(神を)だきしめる」という意味の名。北王国の滅亡後、バビロニアから脅かされていたユダで預言活動をした。この書は神との問答の形をとっているところがユニークだ。罪深いユダの民を罰するために、どうして、もっと罪深いバビロニア人を使うのかなどという素朴な疑問に神は答えている。一見不条理な歴史も、神が自分の定めた時に神の目に正しいことをするのであり、いつかはユダの民の正しい信仰に報いる時もあるだろうというのが神の答えだった。

九　ゼファニヤ書

「ゼファニヤ」は「神は隠された」という意味の名。在野の人ではなく、ユダの偉大な王ヒゼキヤの子孫だった。この書は神が地からすべての被造物を一掃するという暗い予言で始まるが、「娘シオンよ、喜び叫べ」という明るい愛の歌で終わる。罪の状態にあったユダ王国で八歳のヨシヤが王位についてモラルを刷新して宗教改革を行った時、立役者となったのがゼファニヤだった。

一〇　ハガイ書

「ハガイ」は「(ヤハウェの)祭」という意味の名。六〇年間のバビロン捕囚からエルサレムに帰還したユダヤ人が神殿の再建を中断したので、つづけるようにと語った。ハガイの活動は工事の再開から神殿の基礎ができあがるまでの四ヵ月と短い。エルサレムへの最初の帰還を導いたゼルバベルに栄誉が与えられたと書かれている。ゼルバベルはダビデの家系でイエスの先祖の一人ということになっている。

一一　ゼカリヤ書

「ゼカリヤ」は「神は覚えておられる」という意味の名。ハガイと同時代人だがハガイより若く、数年にわたって予言した。ゼカリヤは黙示録系の預言者で、ある夜、神によって呈示された八つの幻をもとに語った。キリスト教的には、イエスが最初に人間として降臨して世のために傷つき（九・九、一六、一三・一、六など）、次に未来において国々を裁き全世界を支配する王として再臨する（六・一二〜一三、一四・一〜二一）ことを予言しているとされる点で、イザヤ書と同じく重要な意味をもっている。

一二　マラキ書

預言書の最後で旧約聖書の最後。「マラキ」は「ヤハウェの使者」という意味の名。バビロン捕囚から帰還した民に語った、旧約時代最後の預言者。ネヘミヤと同時代で、やはりイスラエルの民（ここでは北王国のイスラエルという意味ではなく、ヤコブの子の子孫でエルサレムに帰還した者すべてを指す）に対する神の愛と警告、やがて救い主が来ることの告知という構成になっている。これで分かるように、ようやくバビロンから戻って神殿も再建したイスラエルの民は、またもや偶像崇拝に陥ってしまったのだ。宗教指導者の礼拝も形式的でしかなくなった。

（なお、このマラキという名は『聖マラキの予言』という偽書のせいでルネサンス以降すっかり有名になった。聖マラキは一二世紀アイルランドの司教だが、一二世紀以降のローマ法王の特徴を指し示す標語から成っていて、二〇世紀最後の法王が最後から二番めに当たっていることからカルト的終末論者に利用されたことが記憶に新しい。）

5　旧約聖書と新約聖書のあいだ

旧約聖書の最後の一〇〇年は、エズラやネヘミヤによって、捕囚から戻ったユダヤ人が神殿や城壁を再建した出来事が書かれた時代にあたる。最後の預言者マラキによれば、ユダヤの民は形式的な礼拝しかせず、偶像崇拝をする者もあったようだ。しかしこの時から、四〇〇年後に悔い改めを民に説く洗礼者ヨハネのグループが出てくる新約聖書の時代まで聖書に名や言葉を残す預言者はもう出てこない。この四〇〇年はあれほど記録の編集が好きだったユダヤの民の「沈黙の時代」だと言えるだろう。

しかしこの「沈黙の時代」は歴史的には激動の時代だった。まず、マケドニア出身でギリシャの王となったアレクサンドロス大王（紀元前三五六～前三二三）がパレスティナとその周辺を征服したので、ギリシャの言語と習慣が広まった。ユダヤ人の世界がヘレニズム世界にとりこまれたわけで、後に新約聖書がギリシャ語で書かれ、ヘレニズム世界に広まる背景ができた。紀元前三世紀に初めて旧約聖書の各書のギリシャ語訳ができ、順序やタイトルなども今の形に近くなったものと思われる（今でもユダヤ教とキリスト教では分類や順序が少し違う）。アレクサンドロス大王の死後は四人の将軍が国を分けた。パレスティナはまずエジプトに建てられた王国によって征服され、次にシリアとメソポタミアに建てられた王国によって征服された。パレスティナの征服者たちは、ユダヤの民が神殿を持っていて彼ら独特の一神教（週一度の安息日を守り、生まれた男子に割礼を施し、シナゴーグ会堂でヘブライ語の聖書を読み、過去の記念行事をつづけるなど）を奉じていることを知ったが、彼らの信仰生活をそのまま許可する支配者と、ギリシャの神ゼウスの礼拝を強制する支配者の両方が存在した。アンティオコスはエルサレムの神殿にゼウスの像を立てたが、マカバイに率いられたユダヤ人は反乱を起こして勝利をおさめた。

しかしユダヤの国家はすぐにローマ帝国に征服された。ローマ人が神殿でユダヤの祭司を殺したので、人々は過去に約束されていたメシアの到来を強く望んだ。このメシアへの期待が、イエスをメシアと認めたキリスト教のグループを生んだのだ。また、ローマ帝国支配のおかげで道路などのインフラ設備が整えられていたこと、地中海沿岸全域でギリシャ語が共通語となっていたことなどが、キリスト教が地中海沿岸全域に広まっていく下地を図らずも用意することになった。地中海沿岸の中でも、パレスティナが、アフリカとアジアとヨーロッパを結ぶ要所にあったこともキリスト教が普遍宗教化していくのに役立った。

「沈黙の時代」といっても、ギリシャ語で書かれた記録は残っている。歴史書としてアンティオコスの迫害とマカバイの反乱を記した「マカバイ記」一・二は、今でもたとえばカトリック教会編集の聖書の中では旧約聖書の歴史書の中に正典として組み込まれている。カトリックの旧約聖書はユダヤ教の正典よりも八書多い。主としてヘレニズム世界に離散したギリシャ語系ユダヤ人が担ったキリスト教聖典を採用したからだ。一六世紀以後ヨーロッパで分派したプロテスタントは大体またこの八書を排除することになった。バビロン捕囚時代の黙示的預言書「ダニエル書」も、じつはアンティオコスの迫害時代（紀元前二世紀）になってから過去に託して書かれたものだと言われている。「ダニエル書」の中でギリシャ語だけから伝えられた部分（一三、一四章など、新共同訳聖書の「ダニエル書補遺」）はプロテスタント編集の聖書には見られないが、ダニエルが偶像崇拝の司祭たちが供え物を食べてしまうトリックを暴いた有名なシーンを含んでいる。「エステル記」にもギリシャ語起源なので削除された部分がある。

ユディト　クラナッハ　ウィーン　美術史美術館

しかし、削除された部分は概して興味深いものであるのが常だ。カトリックにしか取り入れられていない「ユディト記」などは、女召し使いと共にアッシリアの将軍の寝室に忍び込んで寝首を掻《か》いた女傑ユディトのエピソードを描いて、ヨーロッパの絵画にドラマティックなテーマを提供している。詩書にはソロモンの「知恵の書」と「集会の書（シラ書）」があり、預言書には「バルク書」がある。

もともと旧約聖書は日本人の言う宗教書という感覚ではなくて雑多で懐が深いところがその魅力になっている。ヨーロッパの歴史や文化史を学ぶ者は「旧約聖書続編つき」の聖書を持っている方が何かと便利だろう。正典に漏れた聖書の外典の中にもおもしろいものがあるし、カトリック世界で膨らんだ「聖人伝（殉教者伝を含む）」の内容もイコノグラフィ（図像学）の研究には必須となるだろう。

旧約聖書はユダヤ民族の「大きな物語」だ。それが今でも綿々と伝わってきたのは、「メシア到来」の部分を先送りにして「律法」の部分を精密化してその適用法を時代に合わせることに力を入れたからだろう。紀元一世紀にエルサレムが再び滅亡してからは、次の「帰還」の章が歴史の中で書かれるのはイスラエル建国まで二〇〇〇年近くも経ってしまった。

しかもその章が書かれるにあたっては、長い間キリスト教ヨーロッパの中で暮らしてきたユダヤ人たちの力が大きかった。自分たちとは経済力であまりにも掛け離れたソ連や東欧から流れてくるユダヤ難民を「帰還者」の名の下にパレスティナに体よく追いやったという側面がある。「イスラエル建国」以来ずっとつづいたパレスティナ問題の最大の有責者は、ユダヤ人を含めた西ヨーロッパ社会全体だと言えるだろう。

一方、ユダヤ民族が完結せぬままに生きている「大きな物語」を、一部のユダヤ人たちは、キリスト教（新約聖書）という新しい物語に接《つ》ぎ木して完結させてしまった。旧約聖書の約束がすべて果たされ、イエスというメシア（キリスト）が現れてすべての人の罪を贖ってくれたのだ。

　ところがこういうふうに立派に完結させた後でも、真の終わりは保留された。イエスが再臨して一〇〇〇年つづく王国をつくり、その後、世界の終わりと最後の審判が来るという終末論だ。しかしイエスが死に、復活して、昇天してから二〇〇〇年近くも経つのに、万人を納得させるような分かりやすい再臨だの終末だのはなかなか訪れない。それでもキリスト教が普遍宗教としてパレスティナからもヘレニズム世界からもあふれ出し、膨大な異文化圏へと発展していったのは、「大きな物語」から常に「小さな物語」を編みだし更新させていく、パワーとテクニックを身につけていったからなのだろう。次に、そんなキリスト教の物語の出発点（旧約の完成）となった新約聖書について見ていこう。

新約聖書

新約聖書の時代と場所

四つの「福音書」はイエスの生涯と復活と昇天について語っていて、生年は今の研究では紀元前四年頃、処刑されたのが紀元三〇年頃とされている。生まれたのは死海西部のユダ王国でエルサレムより南にあるベツレヘム、エジプトへ亡命していた時期をのぞいて、育ったのは死海とはヨルダン川でつながった北方のガリラヤ湖の西部ガリラヤ地方のナザレだ。

「マタイ」、「マルコ」、「ルカ」の三つの福音書では主としてガリラヤ地方での伝道について語られ、説教や奇跡の話が多く、その三つよりも後に書かれた「ヨハネ福音書」ではユダ地方での伝道が主で、イエスの対話や祈りを中心に初期のキリスト教の骨格を決めていく方向性が感じられる。

イエスの昇天以後の「使徒言行録（使徒行伝）」においてはエルサレムから小アジア半島、ギリシャ、地中海の島々（クレタ島、ロドス島、マルタ島など）を経てローマ帝国の首都ローマまでが舞台となり、パウロによってヘレニズム世界へキリスト教が伝わっていく様子が書かれる。パウロはローマで囚人となったが、獄中から各地の教会や個人にあてて多くの書簡を出しつづける。これが五九年からの二年間くらいのことだ。パウロの手紙は一三の書になっている。

公同の手紙というグループは七つある。ペトロ、ヤコブ、ヨハネ、ユダなどの名を冠した手紙で、ほとんどは六〇年代から七〇年代に書かれたと思われる。ヨハネのものだけが少し後で、九〇年代だと言われている。ヨハネは手紙の他に、有名な「黙示録」という新約聖書で唯一の「預言書」を書いた。

ヨルダン川はガリラヤ湖北方の水源から南へ一三〇キロ足らずにある死海（塩の海）までを細かく蛇行しながら流れる川だ。ガリラヤ湖は青い淡水湖でヨルダン川は南下するにつれて濁ってくる。ガリラヤ湖畔のカファルナウムに住む漁師たちがイエスの最初の弟子になった。ヨルダン川はモーセの死後にイスラエルの民がヨシュアに率いられて横断して約束の地に入った川で（ヨシュア三）、アラムの武将ナアマンはこの川に七回浸って重い皮膚病が癒されたし（列王記下五・一〇～一四）、イエスがヨハネから洗礼を受けた場所でもある（マルコ一―九）。

イエスが活躍した舞台はユダ王国として宗教的な自治を許されていたとはいえ、ローマ帝国の支配下におかれ政治的な緊張をはらんでいた地域である。しかしローマやアレキサンドリアなどのような大規模な国際都市、文化都市ではなく中央の記録にもほとんど残らないローカルな世界だった。そのような場所から生まれたキリスト教が近代文明に最も大きな影響

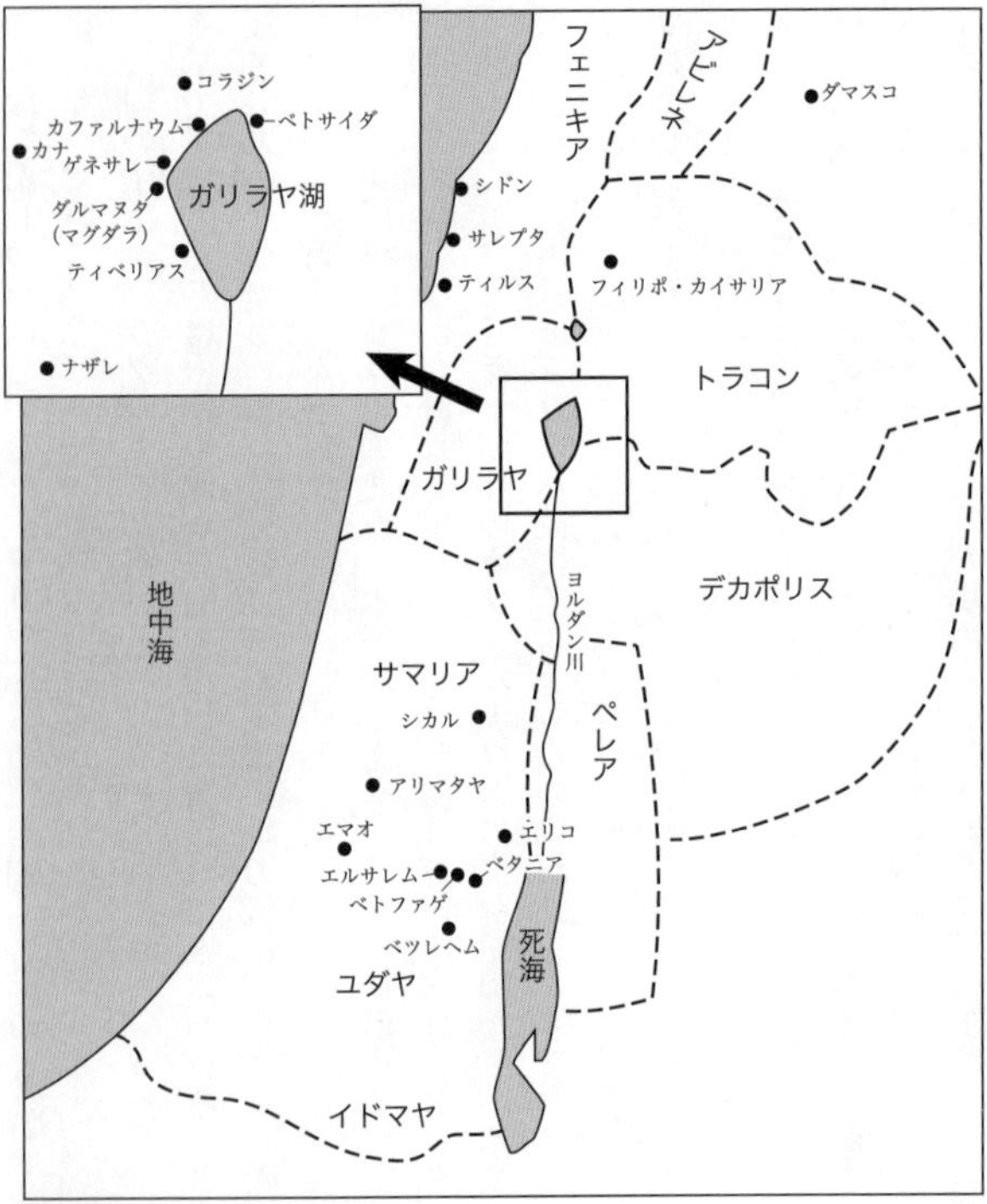
コラジン
カファルナウム
ベトサイダ
カナ
ゲネサレ
ガリラヤ湖
ダルマヌタ
(マグダラ)
ティベリアス
ナザレ
シドン
サレプタ
ティルス
フェニキア
アビレネ
ダマスコ
フィリポ・カイサリア
トラコン
ガリラヤ
地中海
ヨルダン川
デカポリス
サマリア
シカル
ペレア
アリマタヤ
エマオ
エリコ
エルサレム
ベタニア
ベトファゲ
ベツレヘム
死海
ユダヤ
イドマヤ

『新約聖書』関連地図

『新約聖書』ゆかりの地。（上左）山上の垂訓の丘から見たガリラヤ湖。（上右）ヨルダン川。（下左）ナザレ。（下右）ベツレヘム
関谷義樹氏撮影

を与えた世界宗教になったことは感慨深い。それどころか、イエスが死んで復活したというエルサレムは後にイスラム教の聖地ともなって、初期のイスラム教徒はメッカではなくエルサレムの方を向いて毎日礼拝していたほどだ。その後の欧米文化優勢の世界地図塗り替えの歴史の中でエルサレムが政治と宗教の紛争の中心地の一つとなってしまったことも皮肉である。

1 福音書

三つの「共観福音書」と「ヨハネによる福音書」からなる

四つの福音書が紹介するイエスのポートレートは少しずつニュアンスが異なっている。「マタイによる福音書」でのイエスは「王」、「マルコによる福音書」では「しもべ」、「ルカによる福音書」では「人の子」、「ヨハネによる福音書」では「神の子」というニュアンスが強い。それは、旧約聖書の中で、救い主の到来を告げている「イザヤ書」「エレミヤ書」「ゼカリヤ書」などの部分がやはりこの四種の伝え方をしているのに対応したものだろう。

福音書の中には旧約聖書の二二の書からイエスの到来を告げているとされる箇所が引用されている。「マタイ」に一九回、「マルコ」に一五回、「ルカ」に二五回、「ヨハネ」に一一回あり、「約束されたメシアが到来した」という一つのガイドラインに従って編集されているわけだ。

「マタイ」、「マルコ」、「ルカ」の三書は基本的に同じ筋と構成をもっているので並べて一目できるので「共観福音書」と呼ばれるが、「ヨハネ」は筋も構成も別だ。「ヨハネ」はもちろん他の「共観福音書」にも細かい異同がある。それぞれの対象読者であった共同体の置かれていた状況が違い、もとにした資料や伝承が異なっているからだ。この四つの福音書が聖書の正典として採用された二世紀の半ばには、いろいろな福音書（「トマス」、「フィリポ」など）があったようだ。マルキオンという人は、「福音」というコンセプトを最初に唱えて旧約聖書を排除して「ルカ」とパウロの手紙から「正典」を編集したが、後に異端とされた。

しかし、新約聖書の中で最も古いテキストは紀元五〇年頃にパウロが書いた「テサロニケ

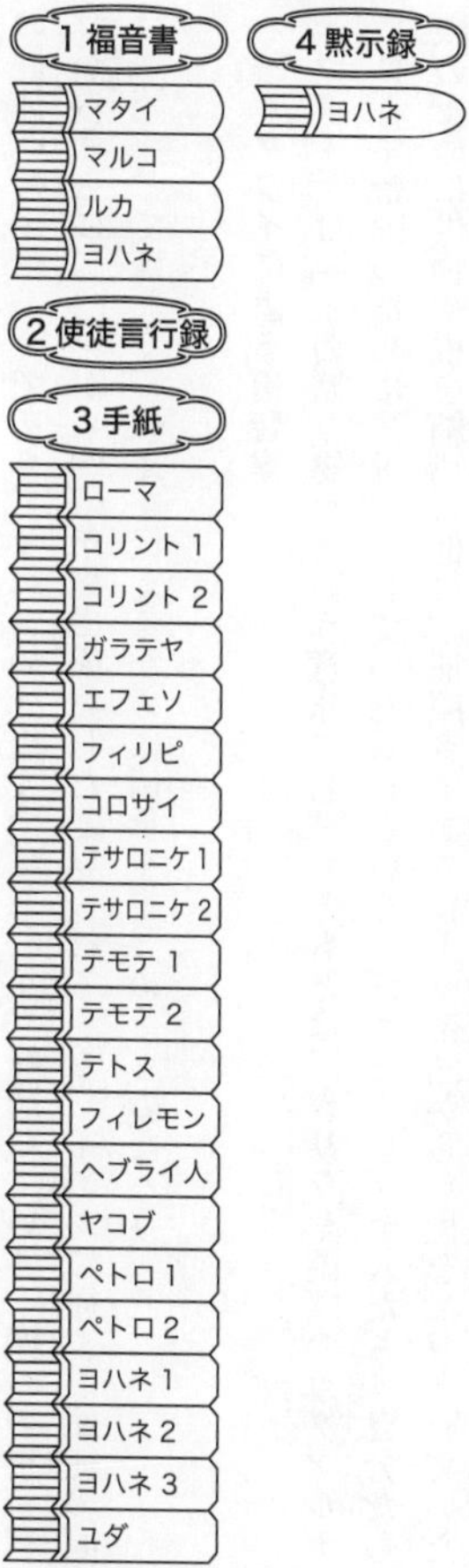

『新約聖書』の構成

の信徒への手紙一」であり、イエスの死後すでに二〇年も経過している。四つの福音書はそれからさらに二〇年から四〇年後に成立したと見られるから、イエスに従った使徒の直接の目撃談などではなく、教えを伝えるために伝承をまとめたものだろう。

一　マタイによる福音書

「マタイ」は「主の贈り物」という意味の名。もともとは、ガリラヤ湖畔のカファルナウムでローマ帝国のために徴税人をしていたレビという人だった。ユダヤ人たちは自分たちの神殿のために供物や税を納める他に、征服者であるローマ帝国からも税を徴収されていたわけで、徴税人は敵側協力者、裏切り者として忌み嫌われていた。しかしマタイはイエスに招かれて迷わずついていった。後にエチオピアに宣教してそこで殉教したという伝承がある。しかし、使徒にはあまりにも多くの伝説が生まれたので、この福音書の作者が正確には誰かということは分かっていない。

この福音書は最初はキリスト教に改宗（イエスを救世主キリストと認める）したユダヤ人を対象にして書かれたものなので、イエスがいかにして旧約聖書に書かれていたことを成就したかを示すことに力がいれられている。最も古い「マルコ」をもとにしているが、「マルコ」との共通部分は典礼的で没個性的に書かれている一方で、イエスの説教や喩《たと》え話の言葉はとても生き生きしている。もとのアラム語で伝わっていた記録をギリシャ語に訳したからだろう。文の発想や内容は「ヨハネ」と共に最もヘブライ的だ。ギリシャ語に訳される以前の言葉を探す研究や、ヘブライ文学の文脈で解釈しなおす興味深い研究もなされ始めている。

イエスが第一の使徒シモンに、「あなたはペトロ（岩）。わたしはこの岩の上に教会を建てる」（一六・一八）と言い、天の国の鍵を授ける（一六・一九）という有名な言葉はこの福音書にのみ出てくる。「マルコ」や「ルカ」では、ペトロがイエスのことをメシアだとする信仰を告白するシーンしかない。後にローマ司教ペトロが他の地の教会（共同体）に対して首位権を持ち、ペトロの継承者とされるローマ法王がローマ・カトリックの長となったり、キリスト教のイコンの中でペトロが必ず大きな鍵を持って描かれたりすることなどを考えると「岩」と「鍵」のシンボリズムは非常に大きな意味を持ってくることに注意しよう。ヨーロッパの民衆のイメージの中では、ペトロは閻魔《えんま》大王《だいおう》のような存在ですらあった。死んだ人は天国の前で鍵を持ったペトロに行き先（天国か地獄）を決めてもらわなくてはならないからだ。

一、二章	イエスの誕生と少年時代
三〜二〇章	イエスの教えと奇跡の癒し
二一〜二八章	イエスの受難と復活

救世主キリストと４人の福音書家
フラ・バルトロメオ　フィレンツェ
ピッティ美術館

イエスはアブラハム、ヤコブ、ソロモンの家系に生まれた。メシアの誕生を星によって導かれた占星術の博士たち三人が、ベツレヘムの家畜小屋で生まれたイエスに贈り物をもって礼拝にきた。この話を聞いたヘロデ王は二歳以下の男の子を殺す命令を与えたが、天使によって警告された父ヨセフは妻マリアと息子イエスを連れてエジプトへ身を隠して難を逃れた。

大人になったイエスはヨルダン川でヨハネから洗礼を受けた。その時に聖霊が白鳩のように下った。その後でひとり荒野に出たイエスは悪魔による三つの誘惑（現世利益、超能力、偶像崇拝）を退けた。洗礼と誘惑という通過儀礼をクリアしたイエスは荒野を去ってガリラヤ湖に行き、教えを説き始めた。病気、悪魔、死を征服する一一の奇跡を行い、一二人の使徒を選んだ。その他、少ない食物を増やして五〇〇〇人の人を養ったり、水上を歩いたりという奇跡も示した。

ガリラヤを去った後、フェニキア、デカポリス、ピリポ・カイサリアという周辺の地方をまわり、カナンの婦人の娘を癒し、食物を増やす奇跡を再び行った。この後、弟子に人々は自分のことを何と呼んでいるかと尋ね、ペトロによって「生ける神の子キリスト（メシアのギリシャ語）だ」と答えさせている。このあたりからイエスは自分の悲劇的な結末を自覚し弟子に知らせ始める。ガリラヤに戻ってから南下してエルサレムに入った。自分が再び来るのを待つ間、神の愛を人々に告げ知らせるようにと弟子に話した。過越の祝い（神が奴隷であった民をどのようにしてエジプトから救ったかを思い起こす祝い）の食事の時にパンと葡萄酒を取り上げて、新しい記念として祝うように言い残した。

十字架刑に処せられたイエス　グリューネバルト　フランス　ウンターリンデン美術館

次の日、一二使徒の一人ユダがイエスを裏切ってユダヤ議会の指導者にイエスを引き渡した。イエスはまず「イスラエル（イスラエルの民）の王＝メシア」を僭称《せんしょう》したとして有罪になった。しかし当時のユダ王国はローマの属国だから刑を執行する権利はないので、イエスはローマ人のユダヤ総督ポンティオ・ピラトに引き渡された。そこではイエスは「ユダヤの王」と僭称したことにされる。ユダヤの王ということはローマ帝国への反逆罪になるからだ。祭の時期だったので恩赦《おんしゃ》される

墓が空になっているのを見つけた婦人たち　ファン・アイク　ロッテルダム　ボンマイス・ファン・ベーニンゲン美術館

チャンスもあったが人々はイエスの死を求めた。ローマ風の処刑である十字架上での窒息刑で息を引き取ったイエスは墓に葬られた。

死後三日目に墓を訪れた婦人たちは墓（山腹をくりぬいた横穴でその前に大きな石を転がして蓋《ふた》をしたもの）が空になっているのを発見した。イエスはよみがえったと天使が告げた。婦人たちがこの知らせを使徒たちに告げに向かうと、イエスが現れ、ガリラヤでの再会を告げた。ガリラヤの山でイエスは使徒たちに全世界に出ていって神の愛を知らせるように命じて昇天した。

二　マルコによる福音書

紀元六四年から七〇年頃（ペトロの殉教後）、最も初期に成立した福音書で、最も短く、「マタイ」、「ルカ」の原資料となった。当時のパレスティナで使われていたアラム語の口語的表現がうかがえるが、対象読者は非ユダヤ人だったらしく、ユダヤ人の習慣について細かに説明している。

マルコは初期教会の指導者の一人バルナバの親戚で、バルナバとパウロと共に伝道の旅をした人だ。イエスが処刑された時はまだ一〇代の少年だったが、事件をずっと目撃していたと思われる。逮捕されたイエスについてきたが結局服を脱いで裸で逃げてしまった若者（一四・五一）がマルコ自身の姿だろうと言われている。マルコはエジプトのアレキサンドリアに教会を創立してそこで殉教したという伝承があるので今もエジプトの総大司教は聖マルコの後継者とされている。マルコの遺体は八一五年にベニスに遷《うつ》されたという伝承もあり、ベニスに有名なサン・マルコ寺院や広場ができた。

ペトロの話

この福音書はおそらくローマにいる信者たちにイエスのなしたことを告げるために、エルサレムの教会を指導したペトロから多くの情報を得て書かれたようで、ペトロの証言らしい生き生きしたシーンが多く出てくる。なかでもペトロの否認のシーンは興味深い。イエス第一の弟子であったはずのペトロは、イエスが逮捕された夜、起きていてくれと頼まれたにもかかわらずぐうぐう眠ってしまったし、三度にわたってイエスのことなど知らないと言って逃げた。しかしこの裏切りの体験とそれをイエスによって赦されたことがペトロの信仰の核になった。ペトロが見せた人間の弱さのおかげで福音書はすぐれた人間ドラマにもなってい

逆さ十字架にかけられるペトロ　ミケランジェロ　ヴァティカン　パオリーナ礼拝堂

る。

　このような弱さを敢えて残して後世に伝えたことは、イエスの復活後に成立した教会でリーダーシップを発揮した後でのペトロの余裕もうかがえるし、後に「自分は主のように十字架にかけられる値打ちもない」としてローマで逆さ十字架にかけられて殉教したと伝えられる決意のほども理解できるだろう。ローマ法王は今でもペトロの後継者だと称される。

　ペトロの名誉のために言っておくと、彼はイエスの危機を理解せず尻尾を巻いて去っただけではなく、イエス逮捕にやってきた祭司の手下から主を守るために剣を抜いて一人の右耳を切り落とすという直情的な実力行使もしている。だからこそ後で保身のために脅えたのだ。もっともこのエピソードは「マルコ福音書」とそれをベースにした「マタイ」、「ルカ」では匿名《とくめい》になっているが、構成の異なる「ヨハネ福音書」に実名で出てくる。「ヨハネ福音書」の中には、ペトロが復活したイエスに会う印象的なシーンも語られている。ガリラヤ湖で船に乗って漁をしていたペトロは復活したイエスが三度目に現れて岸に立ったのを知った。いっしょにいた他の弟子たちは魚のかかった網を引いて船で戻ってきたのに、ペトロだけは湖に飛び込んで泳いで戻ったのだ。しかも、裸同然で漁をしていたのであわてて上着をまとってから飛び込んだ。主への敬意のためとはいえあまり考えずに行動したわけだ。そんなにがんばったのに、その後でイエスがペトロに「私を愛しているか」と三度もたずねたのでペトロはがっくりきた。三度の「愛している」の言葉は深いニュアンスの違いがあったのにペトロは気づかなかったのだ。しかしイエスが逮捕された日の三度の否認はこの日の愛の言葉で帳消しになった。じつは、「主の否認」は深刻な罪であり、イエスはそれを「人々の前でわたしを知らないと言う者は、わたしも天の父の前で、その人を知らないと言う」（マタイ一〇・三二〜三三）と警告していた。ペトロは当然救われないはずだが、そのペトロすら愛ゆえに赦されたことは、自分の原則すら曲げるほどに神の愛は無限であることになる。教条主義が本質的にキリスト教的でないというよい例だろう。イエスがペトロに愛していると三度言わせた後で、もうそれにこだわらず、ペトロを司牧活動へと誘ったのも、情緒に足を取られず前向きの姿勢を促すというキリスト教の長所を生んだ。キリスト教は、思慮深いとはいえずすぐ熱くなるこのペトロを赦し愛したイエスを主とし、ペトロのような人をリーダーとして出発したからこそ、多くの人の心をとらえる宗教になったのかもしれない。

「マルコ福音書」は、全体としては旧約聖書の預言の成就を証明するというより「（神の）

しもべ」としてのイエスの言行を並べ立てていく構成になっている。イエスは仕《つか》え、与えるためにこの世にやってきた「人の子」だ。イエスは「神の子」でもあるはずだが、自分のことを何度も「人の子」だと呼んだ。それはイエスが真に人の子であると同時に「ダニエル書」(七・一三)で神が遣わすと預言された「人の子」であることを示しているらしい。

一～一〇章　イエスは人々を癒したり養ったりして仕えた
一一～一六章　イエスは人々を救うために自分の命を与えた

「マルコ福音書」にはイエスのなした多くの癒しや悪魔祓《あくまばら》いの記録が出てくる。教えを説くためのたくみな喩え話も出てくる。イエスが短期間に熱狂的な支持グループを得たことや、弟子が一目で付き従ったことは、彼がいかに大きなカリスマ性を持っていたか、いかに奇跡的な治癒のパフォーマンスをしてみせたのか、いかに魅力的に語ったのかを想像させる。

弟子のうちの三人はイエスが山の上で光り輝きエリヤとモーセと共にいるのを目撃し、天から神の声がしてイエスを「私の愛する子」と呼ぶのを聞いた。しかしこのような超人間性を垣間見せた後でイエスは、本当に偉大な人とは他の人々に仕える人であると説く(九～一〇)。「神の子」が「人の子」であり「しもべ」であるというパラドクスが明らかにされている。

同じように、「しもべ」は「神のしもべ」であると同時に他の人々に仕える「しもべ」でもある。人は自分に他の人よりも大きく強い部分があれば、それを小さく弱い人々に捧げなくてはならない。だからすべての人に仕える者は最も大きく強い者である。イエスはこの明快で単純な生き方を「愛」として表現し、惜しみなく与えつづけた。

イエスのカリスマ性に魅せられた人の多くは、反ローマの革命勢力としてのイエスの活躍を期待していた。メシアとは敵を破ってユダヤ人を解放する華々しい救いをもたらす存在であると想像していたのだ。ところがイエスが、愛や精神論ばかりを語り政治的言動を避けた上に処刑されてしまったので、期待を裏切られたと思った人も多かっただろう。そのイエスをなおメシア＝キリストであると信ずるためには、発想の大きな転換が必要だった。

この福音書の一五章にローマ総督がイエスに何の罪も見いだせなかったのにユダヤ人の要求でイエスを十字架にかけたとあるのは、ローマ人への宣教を意識して書かれたからだろう。この記述が結果的に、キリスト教がユダヤ世界から切り離されてローマ世界に広がっていくのを助けたが、同時に現代までつづくヨーロッパ世界の反ユダヤ主義も生んでしまった。

三　ルカによる福音書

ルカは今のトルコのアンティオキア（当時はローマ帝国内で第三の都市だった）出身の医

師で、パウロによって改宗した後でパウロと共に伝道旅行をし、福音書と「使徒言行録（使徒行伝）」を残した。すべての人を対象に福音書を書き、イエスの行いを知らせた。

イエスの誕生や少年時代について最もくわしい記述を残したルカは、実際に聖母マリアと親交があった人だと言われている。マリアの肖像を残したとも言われ画家の守護聖人でもある。この「ルカによる福音書」の終わり（二四・四九）はそのまま「使徒言行録」のイエス昇天後のシーン（一・六）につながっている一つのテキストで、どちらもテオフィロという有力者に向けて書かれたものだ。だから「ルカによる福音書」と「使徒言行録」の二つを合わせて「ルカ書」と呼ぶこともある。

この人だけがギリシャ語を母国語としていた人で、「マルコ」や「マタイ」の福音書をベースにして流暢《りゅうちょう》なギリシャ語で書き下ろしたようだ。自分が医師だったせいか、「マルコ」に比べると「奇跡の治癒」のエピソードが選択的である。農村部を中心に庶民に説教したイエスと違って、ローマ帝国の市民権を持った都市部の中間層を対象にした、一種の公教要理《こうきょうようり》（カテキズム）として福音書を書いた。聖母マリアや女性信者の比重が大きいのは、大地母神の信仰の強かった小アジアへの布教を意識しているからだとも言われる。

一〜三章　イエスは人の子として成長する
四〜九章　イエスの数々の奇跡と愛の教え

一〇～一九章　弟子たちへの、愛と愛の分かち合いの教え
二〇～二三章　イエスの受難と死
二四章　　イエスの復活と永遠の命

まず、イエスの親類にあたるとされるヨハネの誕生を天使が告げたことが書かれ、その後でやはり天使に受胎を告知された処女マリアは臨月だったヨハネの母エリサベトのもとを訪れる（聖母訪問）。当時のローマが帝国の人口調査を好んでしたのは事実らしい。ともかく人口調査のために、父親ヨセフはナザレから生まれた町ベツレヘム（ダビデと同じ）に臨月の妻マリアを同行し、そのためにイエスはベツレヘムで生まれた。その後、ナザレで育ったイエスが少年になった時、両親らと共にエルサレムに巡礼に行った。帰路イエスがいないことに気づいた両親が必死に息子を捜しまわると、イエスは神殿でラビ（律法学者）たちと対等に話し合っていたというエピソードが語られる。

洗礼者ヨハネは終末が近いこと、悔い改めをすべきことを人々に説いて洗礼を授けていたが、イエスも自分の活動を始める前にヨハネのところへやってきて洗礼を受けた。この頃のユダ地方にはローマ帝国の支配の中で終末思想が広まり、メシア到来の期待が高まっていた。カリスマ的リーダーに率いられた小グループがあちらこちらに存在していたのだろう。エッセネ派のような共同体もあったし、人々に水による洗礼を施して罪を清めていたヨハネ

の禁欲的なグループもいた。イエスはヨハネの親戚であるがヨハネのグループから別れた。禁欲的な悔い改めを説くよりも、ひたすら恵みを与え、愛や希望をふりまくという別のタイプの活動をした。同時に神を喜ばせる生活について語り、メシアという自分の役割を明らかにしていく。イエスの墓が空になったのを見つけたのは友人たちで、復活したイエスは二人の弟子の前に現れて自分が死んだ理由を説明した。昇天する前に、自分と同じように人を癒したり罪を赦したりする特別な力を弟子たちに与えた。

四　ヨハネとヤコブによる福音書

ヨハネとヤコブの兄弟は、ペトロと共に最初にイエスについていった使徒だ。彼の母サロメは聖母マリアの姉妹だったとも言われ、それならイエスの従兄弟で洗礼者ヨハネとも親類にあたることになる。ヨハネはイエスから特に愛されたと言われ、受難の前にマリアを託された。エフェソスでマリアの臨終に立ち会ったという伝承もあり、エフェソスで殉教した。しかしこの時代のユダヤ名には種類が少なく、福音書の著者ヨハネが本当は誰であったのか、編集した共同体の総称だったのかなど、歴史的な確定はまだなされていない。

この福音書は他の三つの福音書より後に書かれた。イエスを神の子キリスト（メシア）であると信じさせるという一つの意図のもとに編集された形で、イエス亡き後のキリスト教会の指針を示した一種の説教文学でもある。イエスは永遠の命を説くために遣わされた神の言葉（ロゴス）であること、キリストが愛したように愛さなければならないというのがそのテーマだ。
著者ヨハネは使徒ではなく、洗礼者ヨハネの一派だった人だとも言われている。洗礼者ヨハネに従っていた後、イエスがメシアであり神の子であると信じるようになって従った人物のようだ。この書では、キリスト教内のイエスと洗礼者ヨハネとにはっきりとした序列と役割を与えた。

一章　イエスと洗礼者ヨハネ
二〜一二章　神の子イエスの癒しと教え
一三〜二一章　神の子イエスの死と復活

ヨハネによるイエスの洗礼　コロー　パリ　サン・ニコラ・ド・シャルドヌレ教会

ヨハネはイエスの生まれる前のことから福音書を始める。神の子は初めも終わりもない永遠だからだ。父なる神、子なる神イエス、聖霊なる神という三位一体の考え方も提示した。イエスを神の子だと信じ受け入れる者はみな神の子供とされるという

最後の晩餐　レオナルド・ダ・ヴィンチ　ミラノ　サンタ・マリア・デレ・グラツィエ聖堂

「宗教」の基本ラインを打ち出した。

またキリスト教徒が迫害を受けるだろうことも予告している。この福音書が書かれた紀元九〇年頃はイエスの死と復活からすでに六〇年も経っている。「イエスの再臨と世界の終わりに備える」という単純な終末論を超える見通しが必要とされていた。

その上、キリスト教徒は、紀元七〇年にエルサレムの神殿を破壊された後で民族再建を目指していたユダヤ教からも追放され、ローマ帝国からも迫害されていたという現実がある。だからこそ、信者たちがその試練を克服できるように、「ヨハネによる福音書」の「最後の晩餐」のシーンでイエスが延々と弟子に説教するくだりが盛り込まれているのだろう。

2　使徒言行録（使徒行伝）

イエスが福音書においてなし始めた業は、「使徒言行録」では聖霊の働きによってつづけられたとされている。これはイエスが昇天して聖霊が降りてきてから、パウロがローマで投獄されるまでの福音の宣教記録で、信徒の共同体である初代教会の歴史になっている。

福音の宣教記録

一〜七章	エルサレムでの教会の始まり
八〜一二章	ユダヤとサマリアにおける宣教
一三〜二八章	パレスティナを離れた土地での宣教

宣教は精力的に行われた。ペトロは何千人もの人に説教し何千人もの人が共に集まりイエスを救い主だと信じた。ペトロのメッセージは「イエスがメシア（救い主）である。悔い改めて罪から離れなさい。イエスの名によって洗礼を受けなさい」というものだった。当然ユダヤ議会からにらまれて迫害され、ステファノはユダヤ風に石打ちの刑によって最初に殉教したが、死ぬ前に「主よ、この罪を彼らに負わせないでください」と叫んだ。人々の罪を贖

って十字架にかけられたイエスをメシアとするキリスト教徒の、イエスにつづく殉教の長い歴史が始まったのだ。

イエスの使徒たちの像は、中世ヨーロッパの教会という教会の外壁や扉を飾っている。イエスの昇天後の数十年間に、ローマ帝国内を水路や街道を巡って宣教した使徒たちによって「キリスト者」（紀元四五年ごろ、小アジアでこの呼称が生まれたという）と呼ばれる小さなコミュニティが各地にできあがり、少しずつユダヤ人のコミュニティから分かれていった。

この時代はどんな時代だったのだろう。

パレスティナは激動の時代で暴力が渦巻いていた。ユダヤ人同士でも殺し合ったし、盗賊も多くいた。カスピ海東南のパルティア人がパレスティナをねらっていた。アラビアの香料やエジプトの小麦などを得るため地中海全域の支配が必要だったローマ帝国にとって、パレスティナを守ることは絶対だった。だからパレスティナにはローマ兵が駐留していたし、ユダヤ人の自治を利用して防衛を固めようとした。そのためにユダヤ人の信仰を許したのだが、ばらばらな反体制セクトが生まれないようにと王と大祭司を中心とする権威体系を温存した。

しかし、貴族階級でローマに協調的だったサドカイ派、原理主義的でローマの権威に屈しないファリサイ（パリサイ）派、ファリサイ派の過激派でローマに抵抗したゼロート派（熱心党）、公式宗教と袂《たもと》を分かって共同体生活を始めたエッセネ派、滅亡した北王国のおそらく末裔《まつえい》であるサマリア人などと、ユダヤ王国の情勢は複雑だった。ローマに納める税や徴兵に反対した民衆が何度も蜂起《ほうき》したので、ローマは結局少しずつ直接統治の政策へと移っていき、七〇年のエルサレム神殿の崩壊へとつながった。

そんな激しい時代だったからこそ、使徒たちが説いて回る「平和」の福音が多くの人の心をとらえたのだろう。また最後には殉教したとはいえ、何十年もの間使徒たちが宣教をつづけられたのは、当時の統治体系が複雑に分割されていたため、使徒たちが各地でユダヤ教の指導者に迫害されても、別の場所に逃げ込めば助かることが多かったからだ。またこのころのローマの公式記録にこのトラブルが記録されていないのは、ローマにとってユダヤ人同士の内紛が基本的に重要ではなかったからだと思われる。

しかも宣教の第一人者パウロはローマ市民権を持っていて、同じくローマ市民権を持った人を中心に布教した。これがローマの権力者からの「お目こぼし」につながり、キリスト教はヘレニズム（ギリシャ語文化主義）化しながら根を広げていくことになった。ローマの貴族が子弟を帝国内各地の高名な師のもとに送る時に使われた陸路や海路も利用された。病を治すアスクレピオスの神殿や神託の下るアポロの神殿などへの巡礼の道も整備されていた。使徒たちが雄弁に加えて悪魔祓いや奇跡の治癒などをよくしたことも宣教の成功の一因だろう。一世紀末には地中海の東側、特に小アジアやエーゲ海を中心に西は南イタリア（ナポリ、ポンペイなど）まで非常な数の教会が成立していたと思われる。二世紀初めの皇帝トラヤヌスは、キリスト教徒が公共の秩序を乱さぬ限りほうっておくようにという通達を出している。皇帝ネロの時代にローマに大火があり、その犯人とされたキリスト教徒が大量に殺されたが、それもキリスト教徒に敵対していたユダヤ人によってかけられた濡れ衣だという説もあり、ローマが特にキリスト教徒を目の敵にしていたわけではない。キリスト教徒が本当にローマ皇帝から迫害され始めたのは、ローマ皇帝を神格化して礼拝を強制する政策が帝国全域に課された二世紀半ば以降だ。一三五年にエルサレムの町自体が滅亡したことで、ユダヤ教とキリスト教は名実共に分かれてしまった。

使徒の話

福音書には使徒（アポストロス：使命を帯びた人）という呼称はあまり繁雑に出てこず、弟子という言い方の方が多い。しかしイスラエルの一二部族になぞらえられる「一二使徒」伝説がキリスト教の根幹としてできあがったので、キリスト教文化の中に強烈なイメージを刻印した。実際は、いわゆる一二使徒の他、四人の福音書作者に加えて教団としてのキリスト教の生みの親とも言える天才パウロが使徒と呼ばれている。

使徒ヤコブ（ジャック、イアーゴ）には大ヤコブと小ヤコブがいる。大ヤコブ（ゼベダイの子ヤコブ）と呼ばれる人は、ヨハネの兄弟で漁師だった。この人がキリスト教文化に大きな意味を持つのは、中世にその遺骸と言われるものが見つかって、スペインのコンポステラに祀られてからだ。今も多くの信者を集めているサンチアゴ・デ・コンポステラが人々の熱狂を誘う大巡礼地となったおかげでヨーロッパの交通網ができあがったほどだ。

一二使徒には数えられないが、イエスの復活シーンを目撃した弟子も「義人ヤコブ」と呼ばれている。この人は「イエスの兄弟」と書かれているので神学上の大きな問題点になった点がおもしろい。聖母マリアが一生処女であったという立場のカトリックは四世紀ごろから「兄弟ではなくて従兄弟（ヘブライ語では区別がない）」としたが、プロテスタントはイエスが処女マリアから生まれた後で普通に生まれた弟（従兄弟と兄弟を区別できるギリシャ語テキストでも兄弟と書かれていることから）とし、正教諸派は聖母マリアの夫ヨセフ（やもめだった）の最初の子、つまりイエスの兄だとする説に傾いているなど諸説がある。

ペトロとアンデレ（ロシアに宣教したと言われる）は、ヨハネとヤコブ兄弟と共に働く漁師だった。残りのフィリポ、トマス、バルトロマイ（インド、アルメニアに宣教したという伝説もある）、マタイ、アルファイの子ヤコブ（小ヤコブ）、シモン、ヤコブの子供ユダ（タダイとも呼ばれる）、イエスを裏切った後で自殺したイスカリオテのユダに代わって選ばれたマティアなどにはあまり多くの記述がない。トマスは双子、シモンはゼロート（熱心党）、タダイは勇敢などのあだ名で知られる。ペトロももとはシモンにつけられた名で、マタイはもとレビだった。ユダヤ名は種類が少ないため、いろいろな呼び方のヴァリエーションができたのだ。

復活したイエスの傷にふれるトマス　グネルチーノ　ロンドン　ナショナル・ギャラリー

それでもこれらの使徒たちの名は、後のキリスト教ヨーロッパで代表的な名となっていくので無視できない。たとえばペトロはピエトロ、ピーター、ピョートル、ペドロ、ピエールなどになり、ヨハネはジョバンニ、ジョン、イワン、ファン、ジャンなどの名で広がった（順にイタリア語系、英語系、ロシア語系、スペイン語系、フランス語系）。

また、歴史的な記述がほとんどないイスカリオテのユダとトマスの二人は文学や美術の主題となりキリスト教西洋のイマジネーションの中で大きな役割を果たした。ユダは師を裏切って死ぬというつらい役どころだし、トマスはイエスが復活した時、その傷に手をふれないと信じないと言った「懐疑派」の代表であると共に、インドに宣教してマドラスに墓があるという、西洋人にとってエキゾティックな伝承を持っているからだ。

中世キリスト教世界にちりばめられた彼らの図像にはそれぞれのシンボルがあるが、それぞれの職業や殉教具が想起されていることが多い。天国の鍵を持ったペトロは漁師としての船や網を持たされることや殉教の逆さ十字架と共に描かれることがあるし、アンデレはX形十字架、生皮を剝がれたバルトロマイは刀と腕に垂れた皮膚、トマスはインドで建築に携わったとされたので定規、シモンは殉教の鋸《のこぎり》などがある。コンポステラの巡礼の大ヤコブが持つ帆立貝、ヨハネの鷲《わし》というのも有名なシンボルだ。

3　パウロによる手紙

天からの光に打たれて回心するパウロ　ミケランジェロ　ヴァティカン　パオリーナ礼拝堂

パウロの話

小アジアのタルソスに生まれたローマ市民権を持つインテリのパウロ（もとはサウロという名）は、最初「キリスト教徒」迫害の側にいたが、ダマスコへの途上で光に打たれて落馬し、主の声を聞いて劇的な回心をとげたと言われる。三日間も目が見えなかったのが見えるようになった時、「目からうろこのようなものが落ちた」というので、この有名な言い回しが生まれた。パウロは情熱と力と知性を駆使して精力的に布教し多くの人を魅了した。内省的なイエスとは対照的な性格だが、こういうカップルが役割を分けるところにこそ、強力な宗教が成立するのが常だ。

もともと国際人だったパウロの目指したキリスト教は、ユダヤ教改革派などではなく、普遍的な世界宗教だった。ユダヤ人コミュニティのグループでいようとするヤコブ系のエルサレム教会とは必ずしも意見が合わなかったが、母教会を尊重しつつも、ヘレニズム的な普遍宗教確立の道を歩んだ。ローマで殉教したと言われている。

パウロがどのような熱弁をふるったか見るために、「使徒言行録」にあるアテネでの説教を引用してみよう。アテネは哲学者の都だ。何か新しいことを言い始める人にたえず興味を示す人々を前にしてパウロは言った（一七・二二〜二九）。

アテネの皆さん、あらゆる点においてあなたがたが信仰のあつい方であることを、わたしは認めます。道を歩きながら、あなたがたが拝むいろいろなものを見ていると、「知られざる神に」と刻まれている祭壇さえ見つけたからです。それで、あなたがたが知らずに拝んでいるもの、それをわたしはお知らせしましょう。世界とその中の万物とを造られた神が、その方です。この神は天地の主ですから、手で造った神殿などにはお住みになりません。また、何か足りないことでもあるかのように、人の手によって仕えてもらう必要もありません。すべての人に命と息と、その他すべてのものを与えてくださるのは、この神だからです。神は、一人の人からすべての民族を造り出して、地上の至るところに住まわせ、季節を決め、彼らの居住地の境界をお決めになりました。これは、人に神を求めさせるためであり、また、彼らが探し求めさえすれば、神を見いだすことができるようにということなのです。実際、神はわたしたち一人一人から遠く離れてはおられません。皆さんのうちのある詩人たちも、

「我らは神の中に生き、動き、存在する」

「我らもその子孫である」と、

言っているとおりです。わたしたちは神の子孫なのですから、神である方を、人間の技や考えで造った金、銀、石などの像と同じものと考えてはなりません。

パウロがユダヤ人コミュニティから離れて多神教世界に一神教を広めていることがよく分かるだろう。精力的な伝道の間には鞭《むち》打たれたり石を投げられたり何度も投獄されたりした。パウロは知性を強調するためか伝統的に禿《は》げ上がった額で描かれ、手には書簡や、彼の首を落とした殉教の剣を持つこともある。

パウロによる手紙は各地の教会（信者の共同体）にあてた九書と個人にあてた四書からなる。それぞれの共同体や個人の置かれていた状況と離れては読むことができない。

九書の一　ローマの信徒への手紙

イエスがエルサレムで処刑され復活したのは過越の祝いの時期だったので、各地に離散しているユダヤ人たちがエルサレムの神殿詣《もう》でにやってきてその出来事を目撃した。その中で聖霊降臨に立ち会って回心し、福音をたずさえてローマに戻った人々が最初のローマ教会の基となったのかもしれない。パウロはイエスを第二のアダムだと語り、最初のアダムによってもたらされた罪がイエス・キリストによって赦されたのだとする。すべての人はイエス・キリストを信じることで罪を赦され永遠の命を得ることができる。

九書の二、三　コリントの信徒への手紙一、二

ギリシャの交通の要所コリントには異教の神殿がたくさんあった。パウロはそこに住む信徒に生活全般についてのアドヴァイスを授ける。教会に入ってくる間違った教えやパウロと敵対する勢力に対して意見を述べている。

九書の四　ガラテヤ（小アジアにある）の信徒への手紙

パウロが第二次宣教旅行の途中病気で滞在したガラテヤでは複数の教会ができた。この手紙の中で、人は神の律法を守ることによってではなくただイエス・キリストを信じる信仰に

よって救われると言い切って、律法主義のユダヤ教とはっきり袂を分かっている。この姿勢についてはエルサレムにあるユダヤ人の共同体からは異論を持たれていて、パウロと対抗するような内容（信仰だけではだめで律法を守らねばならない）を持つ教書も書かれている。

九書の五　エフェソ（小アジアの西部地中海側）の信徒への手紙

ローマの女神アルテミス（ダイアナ）神殿で有名だった小アジア第一の都市エフェソにパウロは三年間も滞在して教会の基礎を作った。これはパウロがローマで囚人であった時に書かれた獄中書簡だ。イエスを信じるものはみなキリストの体である教会の一部であると言う。

九書の六　フィリピの信徒への手紙

フィリピは繁栄していたローマ植民地でユダヤ人は少なかったと思われる。これも獄中書簡だ。喜ぶこと、祈ること、神に感謝することを説き、イエスにならって愛し合って共に働くことを勧める。イエスはキリスト教徒が見習うべき模範であり、イエスを信頼することでどんなこともできること、主であるイエス・キリストに仕えることが人生の目標であることなどを語った。

九書の七　コロサイの信徒への手紙

これも獄中書簡。コロサイはエフェソより一六〇キロほど東南の町でユダヤ人の共同体はなかった。エフェソでパウロの教えを受けたエパフラスがコロサイの教会の基礎を作った。この手紙はコロサイの教会に、天使の礼拝やユダヤ人の儀式の遵守《じゅんしゅ》を勧める教師が現れたことを懸念して、イエスがすべてのものの主であり神であることを力説した。

九書の八、九　テサロニケの信徒への手紙一、二

テサロニケはフィリピの西方にあるマケドニアの最大の港町（今のギリシャ）で、パウロはここに数週間しか滞在しなかったのに非常な影響を与えて教会の基ができあがった。ここの信徒たちはイエスの再臨について多大な関心を持っていたようで、パウロはこの教会の信徒たちを励ましイエスの再臨について繰り返し述べた。第一の手紙は新約聖書中おそらく最古のテキストなので終末論的な空気を反映している。イエスの死後すでに二〇年を経ていたので、すでに主が再臨したと説く者も現れていたのだ。

四書　テモテへの手紙一、二・テトスへの手紙・フィレモンへの手紙

いずれも個人にあてた手紙だ。テモテはギリシャ人の父とユダヤ人キリスト教徒の母の間に生まれた二代目クリスチャンの最初の世代の青年で、パウロの宣教旅行に同行した後でエ

フェソの教会を託された。テトスはギリシャ人で、バルナバと共にパウロの宣教旅行に同行したことがある。クレタ島の教会を任されていた。テモテとテトスへの手紙は教会の指導者にあてた励ましと助言である。フィレモンへの手紙は、コロサイに住んでいる友人フィレモンに、キリスト教徒になった逃亡奴隷を赦してくれるように頼んだ書簡だ。パウロはフィレモンに逃亡奴隷オネシモの負債を自分が払うと申し出た。短い手紙だが、イエスが人々の罪の代価を支払ってくれたので人々が神のもとに帰ることができることになったというキリスト教の精髄をよく表現しているということで正典に入ったのだろう。

ヘブライ人への手紙

イエスをメシア＝キリストと認めたばかりのユダヤ人にあてた手紙で、イエスが預言者よりも天使よりもモーセよりもヨシュアよりもすべての大祭司よりも偉大な存在であり、イエスが死んで復活したので人は永遠の命を得、祈りによって神に近づくことができると説く。

公同の手紙

公同の手紙というのは個人から個人へあてたものではなく、教会から教会へと回して読まれたもので、今のローマ法王の回勅のようなものだ。初期の教会（といっても信者の集まりはシナゴーグ会堂や個人の家で行われ、今の教会の建物に近いものが建てられ始めたのは四世紀以降の話だ。司教、司祭という名も後世の人がつけたもので、最初はユダヤ人の習慣に従って共同体の長老のもとに集まっていただけでヒエラルキーの体系はなかった。ヤコブ、ペトロ、ヨハネだけが三本柱として特別な権威を認められていた）の大問題は、ユダヤ派とヘレニズム派に分かれたことで、ユダヤ派は自分たちを完全なユダヤ教徒の一派だと見なしていた。彼らをキリスト教徒として分けていったのは伝統的なユダヤの祭司階級からの圧力である。最初の殉教者ステファノはローマ人に殺されたのではなくて、ユダヤ人からユダヤ風の投石刑で殺されたのだ。

律法の民族であるユダヤ教徒としてのアイデンティティを持ちつづけていたユダヤ系キリスト教コミュニティとヘレニズム化した国際的グループとの軋轢《あつれき》は深刻だった。公同の手紙には、ヘレニズム化したグループのリーダーであるパウロの教えに対抗するユダヤ系グループによるものがある。回勅に権威を持たせるために第一の弟子ペトロとかイエスの家族であるヤコブの名を冠して配布されたのだと思われる。

その一　ヤコブの手紙

イエスをメシアであると認めないユダヤ人から迫害されている共同体を励まし、どういう風にキリスト者として生きるべきかを説く。「離散している一二部族の人たちにあいさつします」と完全にユダヤ人を対象とし、イエスの兄弟ヤコブという権威を用いている。国際人パウロのヘレニズム的教えを明らかに意識して批判している部分が見られる。たとえばパウロが「人が義とされるのは律法の行いによるのではなく、信仰によると考える」（ローマ三・二八）と言ったのに対して、「人は行いによって義とされるのであって、信仰だけによるのではありません」（ヤコブ二・二四）と反対のことを言っているのが読める。

その二、三　ペトロの手紙一、二

外部からの迫害にどう対処するかを説き、さらにイエスとその再臨についての間違った教えを正す。

その四〜六　ヨハネの手紙一、二、三

キリスト教徒の生活の指針。神を愛することの中に他の人々を愛することも含まれていること、イエスについて偽りを教える人を警戒すべきことを説く。

その七　ユダの手紙

偽りを語る教師について警告しイエスに関する真実のみを信じるように説く。ユダはヤコブの兄弟。

4　ヨハネの黙示録

キリストの再臨がどのようにしてやってくるのかという神の計画をシンボリックに描いた神秘文学で、そのイメージの豊富さはキリスト教世界を豊かに彩った。ヨーロッパ系の文学や美術を勉強する人には必読の書だ。しかし難解であること、終末観に満たされていることのせいで後世多くのオカルティストや世界の終わりを説く宗教に利用されることになった。いわゆる至福千年思想もここから生まれたし、一二章に出てくる一二の星の冠をかぶって男の子を生む女のイメージは、聖母マリアの信仰に一つの形を提供したことでも重要だ。イエスを子羊とするシンボルもここで決定的になった。竜を含めて動物がたくさん出てくることもシンボリックな数が多用されているのも特徴的だ。六六六という有名な数も出てくる。

一～三章	序文と挨拶、七つの教会にあてた手紙
四章	ヨハネは天と神の玉座を見た
五～七章	七つの封印で閉じられている裁きの書物が解かれるにつれて死と災いが示される
八～一五章	第七の封印が解かれると七人の天使がラッパを吹き鳴らしてこれから起

こる苦難を警告する。天使はサタンによって殺されるがまたよみがえる

一六〜一八章　天使と悪魔の戦い。多くの人々が悪魔を信じて礼拝し、地上の王国が滅ぼされる

一九、二〇章　白馬に乗った方が天の軍勢を率いている。悪魔の力を除き去るために地に降りたキリストが地を千年の間支配する。その後もう一度悪魔の抵抗があり、イエスは悪魔を滅ぼす

二一、二二章　新しい地が造られ、イエスを信じた人は報酬を受ける。イエスは新しいエルサレムの御座に座った

迫害されているキリスト教徒の苦難のイメージが投影されているにはちがいないが、数もたくさん出てくるので、暗号化された終末予言書としても長い間多くの解釈者を生んだ。カオスのエネルギー渦巻く旧約聖書とちがってドキュメンタリー風に淡々と読める新約聖書の最後にこういうつかみどころのない謎のテキストが入ってくることが、キリスト教をおもしろくしている。

キリスト教の側から見れば、イエスと使徒の言行録風の新約聖書の中に、旧約聖書の預言書と同系統の「ヨハネ黙示録」を入れることは論理的でもあった。ユダヤ人のバビロン捕囚時代におけるメソポタミア的イメージも混入した旧約聖書の預言書における危機のイメージ

「ヨハネ黙示録」のイメージ　デューラー　ロンドン　大英博物館

の数々が、ここではバビロンをローマと読み替える初期キリスト教の危機に照応しているのだ。

5　聖書をどう読むか

部外者が読むと、旧約聖書のユダヤ民族のローカルな世界と新約聖書におけるキリスト教の成立の物語は、まったく別の種類であるように見える。しかし二〇〇〇年前のパレスティナのある家系に生まれた人間イエスを全人類を救う神の子だとしたキリスト教にとっては、どうしてイエスが神の子であるのかという必然性を証明することは絶対に必要だった。旧約と新約とを互いに照らし合わせることではじめて神の計画を知ることができるのだという確信のもとに長い間神学者が研究してきたので、旧約が成就したものが新約であるという「真理」は、少なくともキリスト教内部的には完璧に証明されていて揺るぎないものとなっている。たとえ信仰の外側にいる者にとって牽強付会《けんきょうふかい》に見えたとしても、キリスト教的な「真理」は変わらない。真理《ヴェリテ》は必ずしも真実《レアリテ》である必要はなく、最終的には聖霊の光に照らされて真理となるのだ。神学的解釈論などというものも、聖霊のライトがあたっている舞台上でのみ成り立つので、観客席にいる者は、芝居の筋書きや演出からいかにパワーを受け取れるかということに専念していた方がいいだろう。

聖書の個々の内容については、歴史とともにいろいろなアプローチがなされてきた。字義どおり解釈する原理主義的な立場もあれば神話的に解釈する立場もある。プロテスタント以降の近代の神学では聖書のテキストを純粋なテキストとして分析したり批判的に解釈したりする立場もあるし、精神分析学からの解釈などにいたっては、異端だと物議を醸すことすらある。

ヨーロッパのカトリック教会では、信者に対しては伝統的に聖書よりも数々の聖人伝や祈《き》禱書《とうしょ》をテキストとして与えてきたので、民衆の持つキリスト教世界のイメージというものは聖書だの神学だのとは別個にも存在するし、そのイメージ自体もまた変化してきた。

もちろんキリスト教文化の外部の人間が素朴に読んでも、聖書は十分におもしろくできている。たとえ批判的に読み出していろいろな疑問が出てきても、伝統ある聖書研究の本が文献学研究、テキスト研究から考古学研究までいくらでも出ているから、どんなに深く分け入っても探求心や好奇心はどこまでも満足させてもらえることだろう。

ただしそれは深い意味での「信仰」とは別の問題で、聖書をどんなに研究してもそれだけで「信仰」が理解できるわけではない。キリスト教の信仰はキリスト教の信仰を持って生きている人の生き方を見て感じとるしかないだろう。字が読めず聖書を読んだことのない立派なキリスト教徒も存在するのだ。

逆に、「立派なキリスト教徒」で聖書研究もしている人というのが、外部の人には最も近寄りがたくなる。「外部の普通の人」と「内部の偉い人」との間には神学論議など成り立たないと思っておいた方が確かである。変な喩えだが、ライオンがウサギを追いかけても逃げられることがあるのは、ライオンがその日の夕食のために走るのにウサギは全生命をかけて走っているからだというのに似ている。新約聖書を旧約聖書の光に照らされた見事な神の計画として認めうるかどうかに自分の生き方の基礎を築いている人と、黙示録もノストラダムスも一つの資料として読む人とはとても同じ土俵に上ることができないのだ。

しかし今の世界で一〇億以上の人が聖典とし、やはり一〇億以上の人が聖典として読むコーランの中にも形を変えて語られている旧約聖書と新約聖書の物語は、もはや人類共通の心の世界遺産みたいなものだから、一度は読んでみても損はない。読む前よりも一つ賢くなって、おまけに優しくなれたりするかもしれない。古来多くの聖人やもっと多くの無名の善きキリスト者たちを導き照らしつづけてくれたという聖霊が、ひょっとしたらあなたの上にも降りてこないなどと、いったい誰が言えるだろう。

キーワードで考えるキリスト教

1　ヤハウェ資料と祭司資料

旧約聖書はいろいろな口伝や資料を後世に編集したものなので、叙述には一貫していないところや矛盾しているところが多い。たとえば「創世記」で、神が先にアダムを創ってそのあばら骨からさらにイヴを創ったのか、最初から男と女を対にして創ったのか判別に迷う二種類の記述があることなどがそうだ。

『金枝篇《きんしへん》』で有名なイギリスの民俗学者フレイザーが旧約聖書のフォークロアを研究して示したように、この話もその時代や地域に関連する神話や民話の組み合わせだと考えればいいのだが、キリスト教がその後現代文明を主導する西洋世界の基礎となったせいもあり、どのようなスタンスで聖書の物語をあつかうかは今でもしばしば重大問題になっている。

旧約聖書のベースとなった資料は四種くらい知られているが、特に重要なのはヤハウェ資料と呼ばれているものと祭司資料と呼ばれているものの二つだ。ヤハウェ資料は最も古く、おそらく紀元前八、九世紀ごろに成立したものだと言われている。モーセの時代からは五〇〇年以上経っている。ユダヤの民の王国ができたいわば世俗的な時代だったので古代的でおおらかで素朴な感じ、人間くさい感じがするものが多い。先の創世神話で言えば、神のイメージも人間くさく、まずアダムを創ってそれから他の生物を創り、最後に付け足しのようにイヴを創ったし、原罪についても女性への偏見がうかがえる。

祭司資料はそれから数百年経った紀元前六世紀のバビロン捕囚時代に、祭司たちによって書かれた。ユダヤ人がパレスティナから追われた苦難の時代に宗教的アイデンティティを求めたのだろう、荘重で抽象的、絶対神を強調する。創世神話で言えばこちらの方が第一章であり、神はまず「光あれ」と宇宙を創造し、自分の似姿である男と女は動物などの後で最後にペアで創造したとある。

ヤハウェ資料という呼称は、「神」をＹＨＷＨ（ヤハウエ）と書いているところから付けられた。一方、すでにヤハウェ資料を先行資料として持つわけで、祭司資料の方は歴史的パースペクティヴを持っている。そこでモーセに自分の名をヤハウェと名乗る以前の神（創世記の神など）を、ここではエロヒムという別の言葉で表現している。じつは、エロヒムというのは、神を示す「エル」の複数形だ。ユダヤ人がカナン人を征服して、彼らの一神教を押しつけた時に、ヤハウエを「父」と呼び、その父から発する数々の神性を複数でエロヒムと呼ぶことにしたのである。

セム語は本来母音を書かないので、ＹＨＷＨは名を呼べない神だった。それに「主」という言葉をあてて、いわば振り仮名のようにしてこう呼ばれるようになった。つまりヤハウェという音は、「主」という言葉を転用してこう読まれるようになったものなのだ。キリスト教の聖書ではヤハウェの部分が「主」と訳されている。聖書における「神」「父」「主」という言葉の混在が、もともと抽象的であったはずの神にさまざまなイメージを付与してしまったと言えるだろう。

2　三位一体

三位一体の神とは「父と子と聖霊」だ。父は「目」であったり白髪のおじいさんだったりし、子は小羊やイエス・キリストで表され、聖霊は白鳩で描かれることが多い。モーセの神は、最初はその名も分からず、子音表記しかしない古代ヘブライ語でただ三人称の「存在する」という動詞の現在形の語根によって示された「在りて在る者」という抽象的なものだった。それが、イスラエルの民がカナンに定住した後でなぜか「父」のイメージを持つようになった。カナン人は父なる神とその妻である神々の母アシェラ、息子のバール、「乙女」と呼ばれた娘のアナトの四つの神性を拝していたから、ユダヤ人がカナン人を征服して、彼らの一神教を押しつけた時に、ヤハウェが「父」の地位を継承したのだろう。この「父子」の家族的なイメージは、本来の一神教を曖昧《あいまい》にしてしまった。後にこれが「父と子と聖霊」という「三位一体」の教義のベースになった。

しかし、キリスト教が三位一体の教義（三八一年の第一コンスタンティノポリス公会議で教義化された）を真に必要としたのは、教会という制度を神格化したかったからだろう。原始教会の集まりではヒエラルキーも聖職者の地位も曖昧だったが、五五三年の第二コンスタンティノポリス公会議において、「父」と「子」に「聖霊」（具体的には聖霊によって導入された教会）を加えた三位一体によって教会の権威は超越的なものになった。同時に聖職者とは聖霊降臨で福音を伝える能力や赦しや癒しの能力を付与された者となる。こうして教会を批判したり攻撃したりすることは、聖霊を批判したり攻撃したりするに等しいことになった。

聖なるものを三つ一組でとらえる考え方自体は、キリスト教に特有のものではない。ケルト人のビルギッテは三つの相を持つ女神だったし、ギリシャには「魂－心－体」の三元論があり、ユダヤのセクトで「水－火－土」の三つ一組を唱えるものもあり、カバラ神学のセフィロート構造の中でも、原初の光、放射する光、透明な光の三つがそれぞれ別々でありながら同じ一つの光でもあるとされていた。一四世紀のカバラ学者には、キリスト教の三位一体はセフィロートの真の三位一体を応用したに過ぎないと言う者もいたようだ。

キリスト教が避けようとした二元論とは、絶対の善なる神と、悪を含むこの世を創造した造化神との二種類があるという考えだ。一神論は悪の存在を説明できないとして常に二神論に傾きがちだった。テオドシウスらはこの世の現実世界とエスプリ（スピリット）とロゴスの三元論を提唱した。この世の造化神である神のエスプリ（聖霊）がロゴスであるイエス・キリストの姿に受肉する。つまりエスプリと物質を仲介するのがロゴス、神と世界を仲介するのがイエスだ。神に創造された世界が悪に満ちた不完全なものであっても、それはエスプリの化身であるイエスという仲介者によって救済されるという図式になる。

哲学的、神学的にはこれでもよかったのだが、この理論を教会の霊的、世俗的権力の裏づけにしようとしたので抵抗が起きた。東方教会の司教アリウスは、教会は神の意志の顕現ではなくこの世の権威に過ぎないと主張して主流を離れた。

ローマ帝国の首都に司教座を構えたローマ教会は、三位一体論をみずからの主導権につなげようとした。キリスト教の歴史の中で、三位一体論が批判されるたびにローマ教会はそれを弾劾《だんがい》することになる。ローマ教会は神とイエスの両方からエスプリが来るとし、東方教会はエスプリは神からイエスを通してやってくるという違いがある。二〇世紀後半の第二ヴァティカン公会議では、救済という「父」の計画が、「聖霊」を送ることによってなされた「子」の受肉によって成就するという表現をとった。

三位一体を批判するのはローマ教会の権威を拒否する派だけではない。抽象的な一神教を最も忠実に守るイスラム教にとっては三位一体の「子」が人間の姿をとるのは正統ではないとうつる。イスラム教にとっては、イエスはムハンマド以前に現れた預言者であるが神ではない。三位一体はあちこちのモスクでキリスト教が批判される時に、もっともよく引き合いに出される。

神を人間に理解できるような形で提示するためにはギリシャ・ローマの神話の神々のよう

な神人同形が一番てっとりばやい。人間にとって心を寄せやすく、生き方の模範にもできるからだ。だからキリスト教はユダヤ教から派生した一神教だといっても「キリスト」教というだけあって、その中心となるシンボルは人の姿のイエス・キリストであり、信仰も情緒的な部分はイエスという対象に向けられるわけである。

イスラム教はこれを偶像崇拝であるかのように見て批判することもあるが、イスラム教徒は統合のシンボルとしてやはり人間であるムハンマドをたえず持ち出すのだから、外から見ると、人はいかに人の形をしたものを奉る必要があるのかとむしろ感慨を覚えてしまう。

キリスト教徒にとって、イエスが神であり同時に人であることが信仰を強固にしてくれる要《かなめ》だ。人の姿というよすがのないイスラム教の「アッラー」は結局空しい言葉だけのものになるのではないかと疑念を抱く人も出てくる。「アッラー」一色ということは一種の「汎神《はんしん》論《ろん》」（パンテイスム）になり、神を見失うのではないかというわけだ。しかし、一国や一地域の中でイスラム教とキリスト教とが日常的に共存している場所もあり、そんなところでは三位一体の問題ですら互いを啓発するものだと見る人もいる。イスラム教徒にとっても三位一体の中に発見があり、キリスト教徒にとっても信者信経（クレド：信仰の基礎となる信経）の中で「ただ一つの神を信じる」とあるのだから、「一位一体」のアッラーも理解できるだろうと。

「絶対」とか「超越」とかであるはずの「神」が三つの姿で現れるというのはご都合主義で

矛盾すると思われるかもしれないが、現在は三位一体を数学の無限集合で説明しようとする人もいる。

この説によれば、数学の「無限」とは、現実の世界には具体的に存在はしていないが、その存在を認めうるような概念であるとされる。これがすでに、人間にとっての「神」の存在のしかたに似ている。そして三位一体の父と子が同じものではないがどちらも神であるということは、全体集合と部分集合がともに無限集合であることと似ている。たとえば、自然数の集合は1、2、3……と永久につづく無限集合である。次に偶数の集合は、2、4、6……とこれも永久につづく無限集合だが、後者は前者に含まれる部分集合である。人が神を説明したいという思いは、神を表現したいという思いでもあるのだろう。

3　汎神論と神の遍在

キリスト教といえば一神教（モノテイスム）で、多神教とは違うというのは一応分かるだろう。しかしキリスト教の神は天地の創造者であるから、その被造物である万物の中に神を見る汎神論とはけっこう親和性がある。実際キリスト教には「神の遍在」という概念があり、いろいろな神学議論がなされてきた。

神とその被造物との関係についてのカトリック神学は、アリストテレスやプラトンの影響を受けている。神はみずからは造られたものではなくすべてを造ったが、一方、遍在とはあくまでも時空の中での存在を前提にした言葉だ。神はこの世界の外と内とに同時に存在する。知覚不可能であり同時に知覚可能でもあるのだ。

九世紀のアイルランドの神学者ジョン・スコット・エリゲネスは、神は世界の創造によって自分自身の存在も創造したと表現する。創造することで神は時空の中に存在できるようになったのだ。ところがこの理論は汎神論だとして教会から弾劾されてしまった。どうして汎神論が危険視されたかというと、「神は至る所にいる」とする民間の汎神論は逆説的に「神はどこにもいない」ことに流れてしまい、神の存在をコントロールするべき教会にとっては無神論に等しくなるからだ。しかし汎神論的な神学は後を絶たなかった。

ダヴィッド・ド・ディナンは神を精神と体の中にある普遍的な素材「マテリア・プリマ」であると表現したし、一四世紀のウイリアム・オブ・オッカムも教会から汎神論だと攻撃された。宗教改革後もこの議論は入念にチェックされ、ヴァニニ・ヴァニニやジョルダーノ・ブルーノなどは火刑台で焼かれてしまった。

プロテスタント世界ではシレジアのヤコブ・ベーメが「私はすべての被造物の中に神を認めた。植物にも野の草にも。神が何者であるか、神の意志が何でどのようなものであるかが見えたのだ」（『黎明』）と書いた。このベーメの神学は、「仏教とキリスト教」というテーマの研究で必ず引き合いに出されて、森羅万象に仏性を見るという禅の思想との共通点が語られる。

スピノザは「神、すなわち自然なり（deus sive natura）」と言い、教会はもちろん否定したが、これがキリスト教が力を失った現代に、自然を「神のエネルギー」と見て自然を破壊する人間を正そうとするエコロジカルな運動へとつながっていったのは興味深い。

もっとも、「神の遍在」とするから問題があるので、三位一体の聖霊が遍在すると読み替えれば、「聖霊」は「宇宙エネルギー」だとか「仏性」だとか「気」だとかに言い換えやすい。神の一部が放射されてあちこちに分けられているのでなく、遍在するのは「エネルギー」とか「働き」であり、その背後にある「大いなる意志」のようなものが神であるという考え方だ。実際、科学が発達していろいろな現象が観察されたり説明されたりすればするほど、科学者たちがその現象の背後に説明できない超越的なものを感じてしまう傾向が現れつつある。汎神論は古くて新しい問題なのだ。

汎神論のもう一つの傾向は「人間の自由」を至上とする極端なリベラリズムである。すべての人間はキリストの体の一部でありキリストは神の受肉であるからどの人の中にも神が働いているとする中世の神学博士アマルリクス・ド・ベーヌの流れを受けたアマルリクス派は、人が自分の欲するところにしたがって生きることがそのまま神の創造につながるのだと考えた。神とはすべてであり至る所にいるのだから善と悪などという区別もなく、だれでも自由に生きることができる。地獄というのは現世における存在様式のことであり、その

アメリカ１ドル札の神の「目」のシンボル。フリーメイスンに関連があると言われている。

中で神が与えてくれた（肉体の）快楽を追求するのが天国の実現となるというわけだ。

一三世紀初めのパリ近郊の村々でこの現世快楽主義とも言える理論を広めた司祭たちが出て異端宣告を受けている。精神は肉体に優越するものであり、神はこの世にたいして超越的なものであるからだ。ちなみにこのような場合、異端審問法廷は司祭たちのみを罰して、誤って導かれた信者たちの罪は問わなかった。

さて、「万物の中に神を見る」という意味の遍在の他に、「至るところで神から見られている」という遍在の強迫観念も存在した。子供に「だれが見ていなくても神さまからは全部お見通しですよ」というタイプのもので、その時の神は実際に目のあるイエス・キリストのイメージではなくて、三位一体の父なる神の方だ。シンボルとしてはイエス・キリストが小羊なら父なる神は三角形の中に描かれた大きな目だった。

「目」のシンボルはフリーメイスンでも使われているが、罪を神父に告解して赦免を受けるというカトリック教会による信者支配システムにも有効に働いた。フランスでは一九世紀になってからも、公共の場所にその「目」の石版画が貼られて「神が見ています、ここでは宣誓に背かないこと」と書いてあったようだ。

キリスト教以前のヨーロッパにすでにあった呪術的な「邪悪な目」もこの「目」に転用されている。遍在する悪意のような「邪悪な目」に対抗する守護シンボルとして役立ったのだろう。

目ほどには一般的ではないが、「神の耳」のイコンもたまにあって目を補強する。これはパワー発信装置ではなくて純粋な情報収集装置らしい。ギリシャ哲学の影響もあって、光と音の照応関係（太陽光線のプリズムと音階などが結びつけられた）は教会建築や教会音楽のベースになっていた。これに、典礼の時に燻《くゆ》らす香や、イエスの血と肉にして口に入れられるパンとワインの味と香りも加わって、人々は五感に充溢《じゅういつ》しミクロコスモスに遍在する神を実感したに違いない。

4　天使

一三世紀の教会博士の聖大アルベルトゥスは、六六六六六人の天使の軍団が六六六六六六あると数えている。つまり四四四四三五五五五六人（天使を「人」で数えられるとしたらだが）と、四〇億人以上の天使がいることになるわけだ。ついこの前までは地球の人口より多かったことになるが、今は人間の数がずっと上回ってしまった。これでは誰のそばにもつい

受胎告知。大天使ガブリエル（左）とマリア　レオナルド・ダ・ヴィンチ　フィレンツェ　ウフィツィ美術館

ているという守護天使が足りなくなるというものである。ともかく、数が多いこと、悪魔と同じように軍団のイメージで考えられていたことを覚えていてほしい。

軍団だから、それぞれ機能があるわけで、子供にはつとまらない。日本で天使というと、背中に翼のある裸の赤ん坊のキューピッドを思い浮かべる人も多いだろうが、あれはまさにギリシャ・ローマの神話のキューピッドがルネサンス時期に天使のイメージに取り入れられたものだ。その昔、愛の女神ヴィーナス（アフロディテ）を取り囲んでいたように、バロック時代には聖母マリアを取り囲む天の装飾のようになったが、聖書に出てくる本来の天使はちゃんと服を来た大人の姿で現れる。

有名なのは少女だった聖母マリアのもとに受胎告知にやってきた大天使ガブリエル（「神は力なり」という意味）だ。この時の天使祝詞アヴェ・マリアは、そ

剣をもつ大天使ミカエル　ファン・アイク　ニューヨーク　メトロポリタン美術館

れ以来ロザリオの祈りの前半として世界で最も多く口にされている祈りだと言われている（ミレーの『晩鐘《ばんしょう》』で有名なアンジェルスの鐘のアンジェルスは「天使」のラテン語で、昔はこの鐘が鳴ると人々は仕事を中断して天使の祈りを唱えた）。この大天使ガブリエルは、イエスの誕生後六〇〇年以上経ってからアラビア半島のメッカにやってきて、今度はムハンマドに神の言葉コーランを伝え始めた。

　ガブリエルと同じように有名な大天使にはミカエルとかラファエルがいる。剣をもって戦うミカエルはフランス語ならミッシェルで、ノルマンディのモン・サン・ミッシェル修道院の教会は大天使ミカエルに捧げられている。大天使はカトリック教会の典礼の中では人間出身の殉教者と同じように聖者の尊称をもらっていて、カレンダーに祝日（殉教者聖人なら殉教した日が祝日となる）ももらっているのだ。そのおかげでカレンダーの聖人から選ばれる洗礼名となって世界中に広まっていった。ミカエルで言うと、フランス語系のミッシェルの他にミッチェルとかマイケルとか、ロシア語のミハイルとかラテン語系のミゲルなど、みな同じ名前ということだ。天使のネットワークはなかなかすごいことが分かるだろう。

また、「堕天使」という言葉を聞いたことがあるかもしれない。そう、天使も神に背いて堕落してしまうケースがあるようで、それが普通、悪魔と言われているもので、これも軍団を組んでいるようだから、かなりの数の天使が堕ちているわけだ。そのトップがルシファーとかサタンとか言われているやつだ。もっとも、悪魔を天使の堕落したものと考えるのは、宇宙に善の神と悪のサタンの二大勢力がいるという善悪二元論を回避するためのレトリックなのだ。これは次の「悪魔」の項でまたふれよう。

天使は自由意志で堕ちただけではなく、神学の歴史の中でも降格した。オリゲネス（〜二五四頃）の神学では神性の一部として神とほとんど対等であったこともあり、キリスト教初期の砂漠の隠遁《いんとん》修道士などは天使に守られ導かれて、苦行によってみずから天使の肉体を獲得して神に合一することを夢見ていた。ところが六世紀には、神性の流出説が完全に糾弾され、天使は人間と同じように単なる被造物に格下げされてしまった。神秘家や苦行者の神性回帰のよすがではなくなった天使は、選ばれた人々に神からのメッセージを伝えたり、人の目に見えないところで悪魔の軍団と戦ったりする副次的または装飾的な存在になったのだ。神と人を情緒的に結ぶために天使のかわりに登場したのが数々の聖人である。一六世紀に生まれたプロテスタント世界は聖人信仰を否定したので、天使は新しいヴィジュアルなキャラクターとしてふたたび活躍している。

天使軍団はどうしても男性的イメージだが、お告げの天使ガブリエルはたいてい女性の姿で描かれていた。看護師さんのことを「白衣の天使」と言う喩えもある。エルサレムの最初の神殿に飾られたケルビムは女性の姿だったが、その後、番《つがい》イメージが加わり両性具有のアンドロギヌスにたとえられたこともある。一七世紀の有名な神秘家ヤコブ・ベーメは天使を、男性と女性、精神と肉体、人と世界の分離を解消して統合する真実の啓示として語った。

残念ながら、神秘的で統合的なヴィジョンの他に、天使は「軍団」のイメージゆえに、戦争において「正義の側」（これはキリスト教が本来避けている善悪二元論に基づく）を支援し鼓舞する存在としても意識され利用されてきた。古くは、キリスト教ヨーロッパ最古の叙事詩の一つである『ローランの歌』（一二世紀）の中で主人公の武将ローランが大天使ガブリエルを呼ぶシーンがある。新しいところでは一九一七年、第一次世界大戦の時に、ベルギーのモンスという所でイギリス軍がドイツ軍と戦った際、聖ジョージ（これも国によってゲオルグだったりジョルジュだったりと変化する）という戦士の聖人に率いられた天使の軍団が現れてイギリス軍を支援したと作家のアーサー・マッケンが書いている。神や天使が特定の人間グループを応援するために利用されたわけだ。

聖ジョージはローマ帝国の兵士だった殉教者で天使ではないが、馬に乗ってケープを翻《ひるがえ》した勇ましい姿でドラゴンを退治する伝説が一一世紀ごろ成立していた。実際は七年間も拷問された後で首を切られて殉教した人らしいのだが、いつのまにか大天使ミカエルのように天使の軍団を率いるようになった。

ユダヤ教における天使の形成には、ユダヤ人が征服したカナンの地の多神教の神々の名残もあったようで、神「エル」の複数形の「エロヒム」という言葉で、カナンの神の子孫たちを指した。この天使たちを呪文で呼び出して使おうというカバラの術もいろいろあり、正統キリスト教の方はそれをきらって天使信仰の代わりにヒロイックに生きた人間である聖人をおおぜい認定している。でも結局人々は聖人に祈っていろいろな願い事をするようになったのだ。

天使と芸術の関係を少し見てみよう。

カトリックでは一九六七年の典礼改正まではグレゴリオ聖歌の『天使のミサ』がよく歌われていた。プロコフィエフのオペラには『炎の天使』がある。みずからも天使ラファエルの名を持つルネサンスの画家ラファエロの天使の絵は有名だ。だがルネサンスの幼児形の天使像にも可愛いものだけではなく意地悪そうなのや変に大人びた顔のものがたくさんあって驚かされる。天使はいわゆる教義とは直接関係がなく、いわば周辺の要素なのでいろいろな表現が入り込む余地があるのだろう。

天使は映画にもよく出てくる。一九四六年フランク・キャプラの『素晴らしき哉、人生！』は古典だし、パオロ・パゾリーニの『テオレマ』（一九六八）では天使がある家庭を変貌させ、ウィム・ヴェンダースの『ベルリン・天使の詩』（一九八七）の天使はおじさんの姿でサーカスの娘に恋をした。スティーヴン・ソダーバーグの『セックスと嘘とビデオテープ』（一九八九）では天使がビデオのおかげで人になった。

5　悪魔

ヘブライ語のサタン、そのギリシャ語訳のディアボロは、「敵」あるいは「誘惑者」として聖書に現れる。神に背いた堕天使軍団の長を指すこともある。別のギリシャ語ダイモーンから来たデモンという言葉も使われるが、これはもともと精霊の意味で必ずしも悪事を働くわけではなく、ダイナモとかダイナミズムなどの語源にもなっている。デモンは「情熱」とも関係があって、賭け事にはまり込むのを「賭けのデモン」と呼ぶし、「南のデモン」というと中年期の浮気の衝動のことで、「肉体の悪魔」という言葉も有名だ。「情熱」が悪と関係があるのは、神の創造の秩序を破壊してカオスを生じさせる力があるからだろうか。

神話的には、エデンの園でイヴを誘惑してリンゴを食べさせたヘビが悪魔だと言われている。天地創造の六日目に神が自分の姿に似せてアダムを創り、天使に崇《あが》めるようにと言ったのを不服とした大天使サマエルが反抗して悪魔になったということだ。別の説では、神が天地創造の一日目に光と闇を分けた時、すでに天使が転落し始めて闇に住み始めたというのもある。しかし悪魔が生まれた本当の理由は、唯一神で創造神であるユダヤの神に、創った世界にはびこる悪の責任を回避させることだろう。

神がなぜ悪魔を勝手放題にさせているのかと言われそうだが、神は天使が反抗したり人間が悪魔の誘惑に負けたりする自由を許していると説明されている。つまり、神は天使や人間に自由意志を賦与《ふよ》してしまったというわけだ。そのため人間には自殺する自由すらあるわけで、自由は善悪や生死の実存的な地平に根を張っているらしい。悪の存在の別の解釈は、神が人間に試練を与えるためだともいうもので、悪や苦難にも耐えて信仰を守った人は神の栄光の中に迎えられるとされる。

ミルトン『失楽園』のサタン　マーチン画

悪魔はヘビの他にドラゴンの形でも表現され、また性的なエネルギーも悪魔の形で抑圧されてきた。異教の祭礼には性的放縦をともなうもの（オルギー）もあるので、異教の神々も悪魔の仲間に入れられた。一五世紀から一七世紀にかけての魔女狩りと異端審問の時代には、サバトで雄山羊の姿をした悪魔が魔女と交わるというイメージが流布する。悪魔の世界を想像することは宗教に抑圧された性エネルギーのはけ口の一つでもあったの

聖アントニウスの誘惑　ボス
リスボン　国立古美術館

だろう。

　一九世紀の末にも、ヨーロッパの知識人を中心にサタニズムが流行したことがあった。大悪魔とそれに従う副官二人の邪悪の三位一体というのもあって、大悪魔は「黙示録」に出てくる一〇の角を持ち七つの頭を持つドラゴンで、副官は海と陸地から湧き出てやはり動物的イメージで海と陸を支配するとされていた。今の世にもサタニズムはカルト宗教の一つとして根強く存在する。伝統宗教が弱まったとしても、社会の不平等や抑圧が消えたわけではないから、それを解消させようという欲求の表現としての悪への志向は依然、健在というわけだ。

　説教をしてまわる前のイエスは荒野に出て悪魔の三度にわたる誘惑を斥《しりぞ》け、砂漠の隠遁修道士として有名な聖アントニウス（〜三五六）もさまざまな誘惑に抵抗して後世の多くの画家の想像力を刺激した。ともかく、悪魔の存在なしには、贖罪と救済の宗教であるキリスト教の存在理由もないぐらいで、その意味では教会は、人々を悪魔から守るための特別機関だった。洗礼の時も簡単な悪魔祓《ばら》いが行われるし、贖罪の苦行や祈りを課すシステムを作ったのも教会だ。おもしろいのは、それほど重要なのに悪魔は教義としては出てこないことだ。

神学の歴史の中でも、神の存在の証明についてはいろいろな考え方が展開されたが、悪魔の存在証明は問題にされていない。悪魔というより「悪」の存在が人間には自明のことだからだろう。

実際、この世の事象はすべて「悪」だととらえる見方すらある。マニ教の影響を受けたカタリ派のようないわゆる善悪二元論では、この被造世界を創った創造神こそ「悪」のシンボルであり、「善」の神は被造世界から超越したところに隠れているとされる。しかしより一般的なのは、この世の事象の中で善と悪が拮抗《きっこう》して現れて常に戦っているというイメージだろう。十字軍によってカタリ派が壊滅させられた一三世紀のヨーロッパには、じつはカタリ派以外にも善悪二元論的な世界観が広まっていた。イエスの死後一〇〇〇年以上が経過したので、それまで鎖につながれていたドラゴンが解き放たれて世界に災厄《さいやく》が起きていると信じられ、剣を掲げた大天使とドラゴンの戦いの画像が繰り返し現れた。

悪魔はまたベルゼブルやルシファーなどの名前でも呼ばれている。ベルゼブルというのは旧約聖書の「列王記」(下一章)に「エクロンの神バアル・ゼブブ」が出てくるように、おそらくカナン地方のバール神に関係した言葉だろう。名もなく姿もない抽象的な唯一神を崇めるユダヤ人も、エジプト脱出以来の四〇年の放浪を経て定住した後は、近隣の神々に興味を持ったようで、それらとの葛藤が悪魔の形になったのかもしれない。糞便《ふんべん》のような汚いものと一緒にイメージされることが多く俗に言う蠅《はえ》の王や地獄の王もこのベルゼブル（またはベルゼブブ）だ。

ルシファーの方は、ラテン語で「光を掲げるもの」を意味する。悪魔という闇のイメージとずれると思われるかもしれないが、旧約の「イザヤ書」（一四・一二）にバビロンの専制君主が滅びたことを嘲《あざけ》って「ああ、お前は天から落ちた。明けの明星、曙の子よ」とあるように、墜ちて消える暁の明星だった。そのせいで中世にはルシファーというと「光の堕天使」の名になった。ベルゼブルとちがって名のイメージが美しいせいか、若い美青年の姿でイメージされることがあり、アンドロギヌス的な美丈夫である大天使ミカエルと対になって善悪の戦いに欠かせぬキャラクターにもなった。ルシファーはもと天使の最高位であるセラフィムだったのに神を崇めるのを怠《おこた》って、自らの持つ叡知《えいち》の翼にだけ頼って飛んだので落ちたとも言われていて、何か運命的な存在でもある。

ベルゼブルとルシファーが両方とも悪魔であり得たのは、悪の中にも汚穢《おえ》と光の二重性があるという洞察の賜物《たまもの》だろう。実際、誘惑者である悪魔は男に対しては美女の形をとって現れることが多いし、また金や不老不死を約束するなど人間性の弱みをついた甘い言葉で人を誘惑する。悪魔はいろいろな約束を餌にして、人間の魂をもらうことだけを条件に出す。律義に契約書をかわしたりするのもおかしいが、これは逆に人間が、欲望達成には何か大切なものの犠牲をともなうことを直観していたからだろう。

逆に、誰かが偉大な業績をたてると、人々は何か悪魔の力が関与しているに違いない、と思ったようだ。ソクラテスもスカリゲルもカリオストロも悪魔と密約を交わしたと思われたし、ロジャー・ベーコンは悪魔に数学を習ったとされて投獄された。人は「情熱」と「知性」の両方に何かしら悪魔的なものをかぎつけるセンスを持っていたのだ。

ローマ法王の中にさえ悪魔の助けを得てその地位を獲得したと噂された人がいたし、宗教改革の時代にはローマ法王自身が悪魔の化身だと言われたこともあった。悪魔憑《つ》きにしても、徳の高い人に課せられる試練のためには天使時代の地位が高かった悪魔が憑き、普通の人には名もない雑多な悪魔が憑くと考えられたようだ。

もともと悪魔といえども神の許容する範囲でしか人に憑くことができないので、悪魔に憑かれたり攻撃されたりすることは一種のイニシエーション（通過儀礼）体験でもありうる。使徒パウロですら悪魔を去らせてくださいと三度も神に祈ったのに聞き入れられなかった。神の恩寵《おんちょう》を受けているせいで高慢にならないようにとサタンがパウロの肉体に刺《とげ》を与えたのだという。神は、主の力は弱いところにこそ完全に現れるのだと言ってパウロを諭した（第二コリント一二・七～九）。悪魔の攻撃は、聖者の高慢を予防して神の栄光をいや増すという意味で、神の力の逆説的な表現でもあるということなのだろう。

荒野にいたイエスに挑戦した悪魔は、石をパンに変えてみろという現世利益の誘惑、高所から天使に助けられ飛び降りてみろという超能力の誘惑、自分を拝めば国々の栄華を与えるという偶像崇拝と権力の誘惑でイエスを試みた。天国に通じるのは狭き門であると言われるように、人間が甘言、快楽、欲望達成に惹かれる心性は最終的な救済とは逆の向きにあるのだと人々は分かっていたのだ。

中世のキリスト教世界では、人が死んだ後に、その魂を悪魔が地獄へ持っていくか天使が天国へ持っていくかという戦いがあると信じられていた。そこで特別の力を持っていたのは聖母マリアだ。どんな悪人でも聖母像の前で一度アヴェ・マリアの祈りを唱えたという縁だけで、死後に聖母が魂を悪魔から奪い返してやったという類いの話がいろいろ残っている。悪魔の天敵は天使でなく聖母マリアだったようだ。悪魔と戦うためには聖母は地獄に赴くことさえ厭わないと思われていた。

キリスト教の悪魔の中には、とにかく「悪の化身」という善悪二元論を担うタイプの他に、精霊や妖精、妖怪出身で人間にちょっとしたいたずらを仕掛けるトリックスターのタイプまで、みな取り込まれてしまったので、整理するのは簡単ではない。しかし、最もキリスト教的な悪魔とは、人間と同じく自分の中にある二元性に悩み、悪のレッテルをはられるのを潔《いさぎよ》しとせず、完璧なものに嫉妬して、人や世界を曖昧で両義的なカオスの中に引き込もうと策略を巡らしている姿のものだろう。エドガー・アラン・ポーの詩に「アナベル・リイ」というのがあるが、これは幸せなカップルに嫉妬した天使たちが娘を死なせてしまうという筋だ。天使と悪魔（堕天使）は紙一重で、ちょっと意地悪な天使や愚かな悪魔など陰影があるのが興味深いところだ。

カトリック史に「悪魔の弁護人」という言葉があって、日本人には聞き馴れないものだが、ヨーロッパでは独特のイメージを培《つちか》ってきた。カトリックではヒロイックに生きた信者を死後に聖人として認定するシステムがある。正式にはまず尊者《そんじゃ》として、さらにその人に神に祈りをとりついでもらって奇跡を得たら福者《ふくしゃ》に、さらに奇跡が得られれば聖人の列に加えられる。その審査は一種の裁判の形をとるので、聖人候補の徳性や奇跡に疑問を呈する役が必ずいて、この役（列聖調査検事）を務める聖職者のことを俗に「悪魔の弁護人」と呼んだのである。悪魔の弁護人はいろいろな小説にも登場する。イギリスの民俗学者フレイザーにも『悪魔の弁護人』という著作があるが、これはいわゆる未開社会の習俗を紹介したものだ。

英語の言い回しには「一体誰が（WHO THE DEVIL）」「一体どこで（WHERE THE DEVIL）」など悪魔が頻繁に出てくるせいかアンブローズ・ビアスの『悪魔の辞典』のようなウィットに富む名作があるし、また悪魔の誘惑に抵抗する人間と悪魔の駆け引きを書いた古典的なおもしろいテキストで、C・S・ルイスの『THE SCREWTAPE LETTERS』（副題は「人の心を捕らえるための悪魔による悪魔的アドヴァイス」）も、逆説に富みつつ人間性について深く考えさせられる（ペーパーバックでも出ているので英語のテキストとしても読んでみよう）。人は、悪魔の存在を信じていない時と、信じて興味を持ち過ぎる時の両方の場合に悪魔の手に落ちるのだと作者は言っている。

『反逆天使の転落』　ブリューゲル　ブリュッセル　王立美術館

一六世紀のブリューゲルの『反逆天使の転落』の他、最後の審判の絵にも地獄の絵にも奇怪醜怪な悪魔がいろいろ描かれ、画家たちは天使の美よりも悪魔の醜さの方により大きいインスピレーションを受けたかのようだ。もとは、オリエント世界では怪物、ラテン世界では人の形に近かったのが混交していったようだ。

いろいろな種類の悪魔が書き分けられているのはやはりダンテの『神曲』で、誘惑者アリチーノ、恩寵を嘲笑うカルコブリーナ、がみがみ言うカイナッツォ、中傷するファルファレッロ、癇癪《かんしゃく》持ちのリブコッコーなど個性豊かだ。

マルセル・カルネの映画『悪魔が夜来る』（一九四二）やジャン・コクトーの『オルフェ』（一九五〇）などにもデモン

が出てくる。

天使が憑くというのは聞かないが悪魔が憑くことはあるようで、「悪魔祓い師」というのはカトリックの正式な聖職者名だった。昔は精神病の類いが全部悪霊の仕業と見なされていたようで、イエスも悪魔祓いをして回ったし、弟子たちにもその能力を与えた。「悪魔祓い師」の職種は一時消えていたのだが、最近はまた司教から任命されているようだ。映画『エクソシスト』（一九七三）はあまりにも有名だった。一七世紀のフランスのルーダンという町にあるウルスラ会女子修道院内で起こった集団悪魔憑きは小説やオペラにもなり、ポーランド映画『尼僧ヨアンナ』（一九六〇）やケン・ラッセルの映画『肉体の悪魔』（一九七一）にも描かれた。

悪魔との契約で有名なのはゲーテの『ファウスト』のメフィストフェレスだろう。メフィストフェレスは中世のファウスト伝説の悪魔の使者だったのが、ゲーテによってサタンの別名になってしまった。『ファウスト』に魔女などが集まるワルプルギスの夜が書かれているように、ヨーロッパの先住民族であるケルト系や移住してきたゲルマン系の悪魔もユダヤ起源のキリスト教の悪魔の中に取り込まれたのだ。バレエ『白鳥の湖』の悪役でロットバルトというキャラクターもあった。悪魔の動物キャラクターはヘビや竜（ドラゴン）の他に蝙蝠《こうもり》や猫がある。猫は女子修道院の中で飼われていた唯一の動物であることを考えると意外でもある。イエスのシンボルである小羊と聖霊のシンボルである白鳩の姿は絶対にとらないと言われていた。

6　死海文書とエッセネ派

「死海文書」というのは、語感から言っても神秘的で謎に満ちている。一九四七年に死海のほとりのクムランにある洞窟で羊飼いの少年に発見された文書は、イエスと同時代のエッセネ派の文書だと言われているが、その全貌が公開されたのは発見から半世紀以上を経た二一世紀に入ってからだった。

まず、旧約聖書の「イザヤ書」の写本がほぼ完全な形で出てきたことが感動を呼んだ。写本というのは、普通どんなに注意して書き写してもエラーが出てくる。長い間には伝言ゲームのように意味が変わってしまうこともあるだろう。しかしこの死海の写本が現存の「イザヤ書」(一〇〇〇年くらい前まで遡ることができる)と一致していたことで、人々は聖書の正統性と、写本にかけた人々の信仰の深さに感動したわけだ。

けれどもなかなか研究結果が発表されなかったので、特に二〇世紀の最後の一五年間にはいろいろな憶測がなされた。たとえば、ヴァティカンが、エッセネ派の指導者がイエスの兄弟ヤコブであることを隠したがったというような解釈だ。

エッセネ派というのは、紀元前一三〇年頃にエルサレムの神殿の祭司の権威から離れたユダヤ教の分派だ。古代の唯一のユダヤ人歴史家フラヴィウス・ヨセフス（三七～一〇〇）は、イエスの時代のユダヤ教にファリサイ（パリサイ）派とサドカイ派とエッセネ派の三派があったと書き残している（ファリサイ派は最後の審判における死者の復活を信じ、律法と口承の伝統の厳守を旨とした人たちで、サドカイ派はエルサレムの神殿の祭司のグループで復活を信じない）。

アレキサンドリアのユダヤ人哲学者フィロンもエッセネ派の名を出しているし、プリニウスはその本拠地は死海のほとりにあると述べていた。クムランの洞窟は一種の図書室だったらしく、全八〇〇部のうち、ユダヤの聖典（旧約聖書）が三〇パーセント、暦や注釈が三〇パーセント、一五パーセントが解読不能の切れ端、二五パーセントがエッセネ派の生活規則など独自の文献だ。炭素14による放射性炭素年代測定法によると、資料は紀元前三〇〇年から紀元一〇〇年くらいにわたっていて、ほとんどはヘブライ語であり、ギリシャ語やアラム語のものが少数混ざっている。

資料によるとエッセネ派は終末の到来を信じ、不信心者が罰せられて義なる者が救われると考えていて、天使と悪魔の戦いも語られている。律法を厳守し、苦行と浄《きよ》めの儀式に重きをおいているところは、同じような傾向だった洗礼者ヨハネのグループに似ていると考える学者もいた。エッセネ派の首長である「正義の師」が洗礼者ヨハネやイエスその人であると唱える学者も出たが、今では、たとえ影響関係があるとしても、閉鎖的で善悪二元論的なところのあるエッセネ派の考え方は、キリスト教の福音書にある考え方とは根本的に違うという意見に落ち着いている。全体の七五パーセントの情報量を含む第四洞窟の一五〇〇のパピルスと羊皮紙片（小さいものは切手大）が発表されたとはいえ、隠された宝物のリストなどがあるため、まだまだ聖書世界をめぐるファンタジーはつづきそうだ。

7 ギリシャ正教とロシア正教

現在のギリシャは人口の九七パーセントがギリシャ正教の信者であり、ギリシャ正教が主要宗教であると憲法にまで明記されている（第三条）。学校でも教えられているし、司祭の給料は国から支給されている。これでは政教分離を原則とするヨーロッパ連合の政策と合わないというので二〇〇一年には身分証明書から宗教の項が削除されることになったが、正教会は激しい抗議行動を起こした。同じ年にローマ・カトリックのヨハネ・パウロ二世がアテネを訪れた時も険悪な空気があった。

しかしヨハネ・パウロ二世が歴史の上でローマ教会が正教に対して犯した罪を謙虚に謝罪したことで、緊張は緩和した。ユダヤのシナゴーグ会堂を最初に訪れた教皇、カトリックの異端審問の歴史を最初に悔悟《かいご》したこの教皇は年老いて病んだ体で世界中を謝罪してまわっているので、どこでも人々を感動させている。ギリシャには二五万人のカトリック信者がいるが、ギリシャ正教と共存していくために第二ヴァティカン公会議以後はギリシャ正教と同じクレドを採用している。一〇五四年の分裂の原因となった教義（聖霊が父と子から発出する：FILIOQUE）を削除したのだ。カトリックは少数派だが、ミッション系名門校を擁していてギリシャ正教の子弟をも集めている。

正教には各国別に首長を戴く一三の教会と二つの自治教会があり、そのうちのギリシャのものが狭い意味でのギリシャ正教会というわけだ。すべての正教会は共通の信仰を持っていて、すべての司教はみなペトロの継承者で平等であるのでローマ司教（ローマ法王）の実質的首位権は認めない。一〇五四年に分裂する前には認めていたローマ司教の名誉首位権は、分裂以後コンスタンティノープル総大主教に移った。

ギリシャ正教の拠り所は初期キリスト教の教父の著作であり、ローマとの分裂以前の最初の七回の公会議で採用された教義のみを守っている。イコンの礼拝や、この世に天国を演出する荘厳な典礼も特徴だ。典礼カレンダーは聖母マリアを中心に回っていて、マリアが死んでも肉体が滅びなかったという信仰はカトリックの聖母被昇天と趣を異にする。司祭が長い鬚《ひげ》を蓄えているのもこの宗派だ。

ロシアは一〇世紀末にキリスト教化した。その千年記念が二〇世紀末と重なったことで、社会主義体制崩壊の政治的激動の季節を宗教的再生と結びつけるのに成功した。一四五三年に東ローマ（ビザンティン帝国）が滅んだ後で正教のリーダーとして名乗りを上げたロシア教会は、一五八九年にコンスタンティノープルの総大主教から正式に総大主教座として認められた。皇帝は正教の擁護者となりモスクワは「第三のローマ」と呼ばれた。

その後、さまざまな転変があり正教の司祭は妻帯して一つの階級をなしていた。ロシア革命を経て七〇年にわたるソ連時代に宗教は阿片であると弾圧されたにもかかわらず正教は生き延びて、現代のロシア人は西欧人よりも信仰深い様子を見せている。冷戦で対立していたはずの欧米とソ連、東欧が冷戦直後に「キリスト教」の兄弟同士で新しいブロックを築いたのをみると感慨を禁じ得ない。

8　クリスマスツリーと十字架

クリスマスはキリスト降誕のミサのことで、一二月二四日の真夜中ということになっている。多くの教会の年間の典礼カレンダーはこのイエスの生誕から十字架上の死と死後三日目の復活までの一生をたどるようにできていて、ミサで聖書の中のそれにちなんだ場所が朗読されたりする。悠久の東洋宗教と違ってキリスト教には天地創造から最後の審判にいたるまでの線的な世界観があり、そのせいで進化論とか進歩思想が発展したなどと言われているが、毎年繰り返してイエスの生涯を追体験する点では循環的でもある。もっともイエスが生きていた頃のユダヤ世界は終末論が色濃くて最後の審判にそなえて禁欲せよという言辞も多かった。だがその後キリスト教の迫害時代も終わり、世界の終末がなかなか来そうもないので、メモリアル風の典礼に移行したわけだ。現在は、いつも来るべき「何か」をどこかで待ちながら、この時代でも聖霊が絶えず働きかけてくれているしキリストもそばにいるのだから、今をよりよく生きようというスタンスになっている。

クリスマスツリーというのはヨーロッパ大陸の先住民族ケルト人の樹木信仰にルーツがあると言われている。冬にも葉を落とさない生命力にもよるが、先の尖った形が神や霊を降ろす依代《よりしろ》としてぴったりだったのだろう。日本の正月の門松も竹の先を尖らせることも偶然ではないだろう。受難のシンボルの十字架には尖ったイメージはないからイエスの脇腹を貫いたという「ロンギヌスの槍」が呪術的なグッズになったのかもしれない。

もちろん「木の十字架」も受難のシンボルとして拝まれているが、それもケルト人の樹木信仰にルーツがあるのだろう。初期教会やギリシャ正教では復活のイエス、栄光のイエスがシンボルとなっても、ローマ風の死刑である十字架刑を表に出すことはなかった。ケルト族やゲルマン族の多いヨーロッパにあった「樹木に聖なるものが宿る」という信仰を十字架に託した結果、キリストの受難像が強調されるようになったのだろう。

といっても、ギリシャ語聖書の十字架の原語はスタウロスという「杭」を意味することばであって、イエスが処刑されたのは、真っすぐの柱かせいぜいT字形のものであり、いわゆる十字架だとは思えない。それがいつのまにか十字架になったのは、イエスが天と地、神と人を結び万物を結ぶ仲介の存在であるという教義を図形化するようになったからだろう。十字は、古来二つのベクトルが交わるパワー・ポイント（これがカギ十字になると回転力も加わる）であるという認識があり、光の放射でもあった。最初のキリスト教徒たちは二世紀頃から十字のマークを使い出したが、それは受難の十字架でなく復活の栄光で悪魔祓いに有効なシンボルだったのだ。その十字をキリストの磔刑像《たっけいぞう》に結びつけたのは主としてカトリックだった。

だからカトリックで使う十字にはイエスの磔刑十字架が多いし、教会にも墓石にも繰り返し現れる。しかも苦しみの姿がリアルさを追求してイエスの受難に思いをはせるという伝統も生まれたため、カトリックの十字架には壮絶なものも少なくない。グリューネバルトのイーゼンハイムの祭壇画から、スキャンダルを起こした現代フランスの彫刻作家ジェルメーヌ・リシエの十字架まで衝撃的な芸術作品も数々生まれた。カトリック世界のヒステリー症状に、両腕を広げた十字形の「金縛り」が多かったり、イエスの受難と同じ手足や脇腹から血を流す「聖痕」現象が観察されたりするのも、イエスの受難と関連して信者が自らの肉体を「十字架」にしてしまう心身関係の深さがしのばれて興味深い。もっとも、カトリックの宣教史において、出血と窒息によるさらし刑という残酷な刑罰である磔刑図が抵抗を受けたこともあったようで、イエスの姿のない意匠的な十字架や、受難の後の復活のイエスがシンボルのメインに置きかわる流れも常に存在している。

「十字」にはおもしろいエピソードがある。一五四一年の日本（豊後）に漂着したポルトガル人たちに領主（大友義鑑《おおともよしあき》）が「鬼の住む家」として空き家になっていた廃屋を提供した。幻を見るなどの怪現象に悩まされたポルトガル人たちは家の周りに悪魔祓いの十字架を立てめぐらした。新種の結界が効いたらしく怪現象がおさまり、その効果を見て感心した人たちが真似をして、墓地をふくむ豊後の至るところに十字架を立てたという。領主もこの「鬼を祓う方法」に関心を示して、キリスト教に興味を持った。この話を聞いて宣教に希望を持ったフランシスコ・ザビエルたちが日本へと向かうことになるのである。

つまり日本になじみのなかった魔よけとしての十字形を導入したことがきっかけで、キリスト教が日本人の目を引いたという経緯があったのだ。ピラミッドパワーのようによく効く「形」がまずあったというのがおもしろい。この「形」が、いつのまにかイエスの受難の道具に重ねられたわけである。

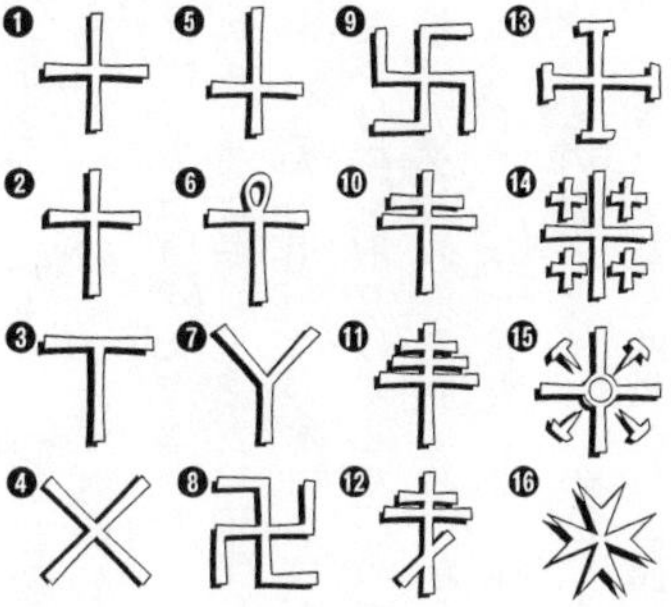

さまざまな十字
1）ギリシャ十字　2）ラテン十字　3）T十字　4）アンデレ十字　5）ペトロ十字　6）エジプト十字　7）Y形十字　8），9）鉤十字　10）ロレーヌ十字（大司教十字）　11）三重十字（教皇十字）　12）ロシア十字　13）腕木つき十字　14）エルサレム十字　15）コプト十字　16）マルタ十字

十字架にはもう一つの伝説がある。一三世紀頃から流布していた聖人伝である『黄金伝説』にシェバ（サバ）の女王がイエスの十字架を予言したというエピソードが出てくるのだ。今のエチオピアまたはイエメンのあたりにあったと思われるシェバの国の女王がイスラエルのソロモン王を表敬訪問した時、ソロモンの宮殿にあった木の橋を渡ったシェバの女王が、一人の男がこの木にかけられて死にユダヤの王国を滅ぼすだろうと言った。驚いたソロモンは橋を取りはずして埋めてしまった。その木はじつはエデンの園にあった知恵の木であり、アダムの墓の上にあったものをソロモンが宮殿造営に使用したものだった。その木が結局、イエスの十字架に使われたということだ。イエスは第二のアダムとも呼ばれているが、アダムの原罪とイエスの贖罪を結びつけるのが同じ木であったという構造になっている。

キリスト教を四世紀に公認したローマ皇帝コンスタンティヌスの母ヘレナがこの十字架の木を発見して持ち帰ったと言われており、それがさまざまな奇跡を起こした。その木が十字軍によってさらにヨーロッパにもたらされて西欧世界における最も貴重な聖遺物となった。イエスの十字架の聖遺物と呼ばれる木片は至るところにあって、その総量はもとの十字架をはるかに超えると言われている。当然偽物が含まれているわけだが、それらの聖遺物信仰がつづいたのは、拝観にやってきた病人や障害者の奇跡的な治癒がどこでも見られたからである。

たとえばパリのノートルダム大聖堂に保存されているそれは、クリスタルの美しい筒に朽ち木のかけらが入っているだけで、十字形に重ねられているわけではない。そこにはもう「十字」のマジックはなく、ただ、物質としての木があるだけだ。

今でも復活祭の前の聖週間には公開されるこの聖遺物の前で人々が並び、ひざまずいてクリスタル越しに接吻《せっぷん》する。イエスの受難によって罪を贖われた人々が、エデンの園への郷愁を抱いて、原罪という病の治癒を期待してやってくる。小さな村のひっそりした教会内のフォークロアではなくて、先進国の首都の中心にある世界有数の観光ポイントであるノートルダム大聖堂でそのような光景が繰り広げられるのは印象的だ。

朽ち木は十字形をしていなくても、ひざまずいた信者は自分で額（父）、胸（子）、両肩（聖霊）と片手で十字を切る。ひと昔前までヨーロッパの食卓では丸いパンをナイフの先で十字の切り目をつけてから手でちぎるのが普通だった。十字のアクションは逆説的に破壊を意味することもある。バツ印だ。死の後で復活したキリストが信者の死後に永遠の生命を与えるというパラドクスをかかえたキリスト教に十字はよく似合う。

9　コンクラーヴェ（ローマ法王選挙）

ローマ法王（教皇）とは、ローマのヴァティカン市国にいるカトリックの指導者だが、本来はローマ教会（キリスト教徒の共同体）の司教に過ぎない。司教とか司祭などという呼称も最初の世紀には存在していなかった。キリスト教徒の共同体も、ユダヤ人共同体と同じく全員の選挙で選ばれた長老（既婚男子が条件だった）によって指導されていたのだ。ローマでは、やがて信者ではなく聖職者のみが選挙することになった。そういう聖職者たちは小教区に固定したポストを持ち、共同体の枢軸のような役割を果たしていたので枢機卿《すうききょう》と呼ばれるようになったのだ。

そんなローマ教会の指導者が他の教会の指導者に対して首位権を主張して認められたのがローマ法王の始まりである。なぜそんな影響力を発揮したかというと、ローマがローマ帝国の首都であったこと、イエス第一の弟子で教会を築く礎《いしずえ》とされた使徒ペトロがローマ教会を指導しそこで殉教したと言われているのを受けて「ペトロの後継者」と称していることなどのせいだ。ローマ法王の首位権を認めない教会はローマ・カトリックから離脱することになる。

ローマ法王は、教皇自身が任命した枢機卿によって、たいていは枢機卿の中から選出される。枢機卿はみなローマに近い司教区の司教やローマの主要教会の司祭や助祭という地位にある。実際は法王庁の各省の大臣役や各種委員会や評議会の会長役、大都市の大司教などであるのだが、形だけは、昔ながらにローマの小教区にいる担当聖職者たちが寄り合って長老を選出するという格好を保っているのだ。

コンクラーヴェと呼ばれるようになったのは一三世紀以降だ。教皇の決定には三分の二以上の票が必要で、中世のローマ教会は固有の領土を持った封建領主でもあるから、その首座の選挙はイタリアの有力諸公たちの権力争いも反映して難航した。選挙を長引かさぬためと厳正を期するために三日目以降は食事が減らされるなどして、枢機卿たちは結局鍵のかかった部屋に閉じ込められることになった。ここからコンクラーヴェ（鍵で閉める）という呼び方ができたのだ。システィナ礼拝堂に閉じ込められた枢機卿たちがついに教皇を選ぶと、煙突から白い煙がたなびいてそれを知らせることになっている。

おもしろいのは、教皇に選出された枢機卿がそれを受けるとその瞬間に教皇が誕生し、枢機卿たちが新教皇から祝福を受ける他には特別な儀式がなくなってしまったことだ。中世のヨーロッパ諸国の王たちが王権神授を唱えて教皇や高位聖職者の権威のもとに立派な戴冠式を執り行い、今もその雰囲気を残しているのとはだいぶちがう。教皇が司教を任命し司教が司祭を任命して叙階《じょかい》する時には式があり、教皇を頂点とした聖霊の働きとそれを伝えるユダヤ教由来の按手《あんしゅ》（手を置く）によって成り立つことになっている。

サン・ピエトロ広場に集まった人々は黒い煙が白く変わるのを今か今かと待っている。この煙は選挙の投票用紙を燃やす煙だ。

一五五〇年までは使用済みの投票用紙をその場で燃やしていたが、フレスコ画を傷《いた》めないようにユリウス三世（在位一五五〇～五五）が長い筒のついた焼却釜を採用した。教皇が選出されたら乾いたワラを入れて煙を白くし、選ばれないときの用紙は湿ったワラと共に焼いて黒い煙を出すようにした。今はベンガル火薬で色を変えている。

一六〇五年から一八四五年までは枢機卿の四分の三以上はイタリア人で占められていた。一九三九年のピウス一二世選出の時はイタリア人三二人、他のヨーロッパ人二二人、それ以外は九人という内訳だった。二一世紀に入ると一二〇人を越す枢機卿の過半数は非ヨーロッパ人になってしまった。八〇歳に達した枢機卿は選挙権を失うことになったので、聖職者の高齢化が進むヨーロッパ人の割合はますます小さくなる傾向にある。二〇世紀から二一世紀の橋渡しをしたヨハネ・パウロ二世が初めてのスラブ系教皇で大きな政治的役割を果たしたように、次のコンクラーヴェも世界的な注目を集めることだろう。

教義に関して単独で見解を示すことができる「無謬性《むびゅうせい》」さえ付与されているテオクラシー（神権政治）の絶対権力者である教皇が、自分が選ばれる時には世襲制ではなくて（カトリックの聖職者は独身が条件）、えらく人間くさく民主的な多数決選挙という手続きを踏むのは愉快だ。「イエス・キリストの代理者」という至高のポストを選挙で決めてしまうとは、カトリックとは意外にも、究極の聖霊民主主義なのかもしれない。

10　キリスト教原理主義

原理主義（fundamentalism）という言葉は一八九五年のアメリカで初めて使われた。伝統的なプロテスタント教派が、工業化と自由主義の風潮に対抗して、キリスト教にとって原理的（fundamental）である五つの教義の強調を確認した。神に与えられた書のテキストの絶対的な真理、キリストの神性、キリストが処女マリアから生まれたこと、キリストの死の贖罪的価値、生者と死者を裁くための再臨がその五つだ。

その後、聖典や典礼が時代とともに変化する（べき）ものだという進化主義に反して聖書の字義どおりの真実性にこだわる傾向が原理主義だと言われるようになった。保守的であり概して初期のピューリタンのように禁欲的で高い倫理意識を持っている。しかし閉鎖的になる傾向が強く、ひどい時には秘密結社化したりカルト化したりすることになる。その例である白人至上主義のクー・クラックス・クランは、黒人に選挙権を与えるのを阻止するため生まれた。一八七一年に禁止されたが、一九一五年に復活した。南部アトランタでは元メソジスト派（イギリス国教会から分かれた謹厳なプロテスタント）の牧師が指導して、反黒人に反ユダヤ、反カトリック、反近代主義を付け加えるようになった。

原理主義的な動きは中世から存在して、現世の既成秩序を倒して普遍的で平等な国の建設を目指すミレナリスト（至福千年主義者）の運動も出た。近代においては聖書の中の「創世記」とダーウィンの進化論の矛盾が原理主義者たちを悩ますことになる。「創世記」によると神は七日間でこの世を創造し、それは紀元前四〇〇〇年くらいのことだと言う人がいる。ヴィクトリア女王時代の動物学者フィリップ・ゴスなどは神が人間の信仰の強さを試すためにわざわざ化石を創って発見させたのだと言ったほどだ。一九二五年にはテネシー州でダーウィンの進化論を教えた教師が訴えられて追及された。これは過去の話だけではなく今のアメリカでも蒸し返されている問題であることに驚かされる。

原理主義はその成り立ちからいってどうしても反社会的、反国家的になりやすい。社会と隔絶したアナクロニックな教派として有名なものに『刑事ジョン・ブック　目撃者』（一九八五）という映画に出てくるアメリカのアーミッシュがある。アーミッシュは一七世紀末にメノナイト教派から分かれたものだが、オランダから移民した一八世紀当時の服装や生活様式を守っている。幼児洗礼を拒否し初期教会の信仰生活の再現を目指す。信仰コミュニティと農業中心の生活コミュニティが一致していて、平和主義が徹底し、兵役拒否のため迫害された歴史もある。平等主義がコミュニティ内部だけではなく社会に向かっている場合は社会運動が起こる。一七世紀イギリスで生まれたクエーカー教派などがそうで、やはり兵役拒否をし、平和運動や非差別運動に熱心である。農本主義的で時代錯誤的なアーミッシュとは反対で、どちらかというとリベラルでインテリ的だ。冠婚葬祭用のご都合宗教と化していることも多い伝統教派に比べて、志の高そうな改革原理主義的な教派は社会を変える原動力となり得るのだ。原理主義が独善排他主義という病に至るか社会を活性化するかは、神のみぞ知ることなのだろうか。

三次元で読むキリスト教

1　キリスト教と歴史

中東からヨーロッパへ、そして世界へ

ここでは、中学や高校の世界史でならったようなキリスト教ヨーロッパの歴史についてはほとんど触れないでおこう。基礎知識に自信のない人はもう一度世界史の教科書か参考書をざっと読み直してほしい。キリスト教自体の歴史については二四七頁以降の「知の道具箱」の「キリスト教の二〇〇〇年」の中で述べておいた。

中東で生まれたキリスト教は、広大なローマ帝国のヘレニズム世界を通じて普遍宗教として広まっていき、迫害もされたが、コンスタンティヌス帝の時代になってようやく三一三年にミラノの勅令で公認された。

その頃には使徒が直接指導したと言われる共同体（ローマ、アンティオキア、エフェソス、スミルナ、コリントなど）が「使徒教会」として正統の権威を持つという了解がなされていた。なかでもローマ教会はアンティオキアやアレキサンドリアの教会と同様、イエス第一の弟子とされたペトロの教えを守る教会として権威を持つようになった。ローマ帝国の首都であり経済的基盤もあったので率先して他の教会を援助していたと言われる。

三三〇年にコンスタンティヌス帝がコンスタンティノープルにローマ帝国の首都を移し

た。ところが皇帝の去ったローマはさびれるどころか、ローマ教会とその司教（ローマ法王）の君臨する宗教帝国の首都になってしまう。もちろん行政的にはまだコンスタンティノープルを首都とするローマ帝国の領土だったし、その後も東西ローマ帝国が分裂したり北からやってきたゲルマン族に占領されたりと変遷したのだが、大貴族出身の教皇がトップに立つ宗教組織はローマ帝国の理念を継承しながら守られつづけた。その頃のキリスト教の総大司教座は東方には四つもあったのだが、皇帝の権力におされて御用宗教化していった。

それに対して、西方唯一のローマ教会は、西欧に民族移動して戦いを繰り返していたゲルマン族をうまく味方につけて自力で領主となる道を開いた。五世紀末にフランク族のクローヴィスがローマ教会に帰依してフランク王国（今のドイツ、フランス、イタリア）を統一したのにつづき、八世紀にローマ法王の支持を得て革命を成功させたピピンが初めてローマ法王に領土を寄進したのだ。

この後は、みずから封建領主でもありながら宗教的権威でありつづけるローマ法王と各国の世俗の王との権力争いが延々とつづく中でヨーロッパの歴史ができていく。王たちがローマ法王に対抗して、王権が神から授かったものだという宗教的権威をみずからに付与しようとした、王権神授説を覚えている人も多いだろう。

教科書風に言うと、その後、ヨーロッパはギリシャ・ローマ文化を再発見するルネサンスを経て、閉鎖的なローマ・カトリック支配から徐々に自由な批判精神に目覚めて宗教改革に至る、というのが次の展開だ。そして、産業革命、新大陸への進出、植民地主義、とつづいて、近代市民革命、共和国主義からついに政教分離の現代に至るというのが大体の筋書きだろう。

イスラム教との拮抗

これはもちろんヨーロッパ中心の歴史観だが、ここで少し視点を変えてみよう。じつは、キリスト教ヨーロッパというのは、単にラテン的ローマ教会とゲルマン系封建領主の利害の変遷によってのみ生まれたわけではない。ヨーロッパをヨーロッパたらしめたのは、キリスト教の紀元七世紀の半ばにアラビア半島で起こったイスラム教との拮抗だった。

ムハンマドの興した小さな都市国家がシリア、パレスティナ、北アフリカ、ペルシャなど古代社会の最も栄えていた地域を次々にイスラム化させ、わずか一世紀のうちにピレネー山脈まで越え、キリスト教ヨーロッパをも侵食した。北アフリカ教会もスペインにあった西ゴート教会も消滅した。地中海を失い、イスラム勢力に追い込まれたからこそ、その後のヨーロッパは内陸に向かってアイデンティティを築きながら発展していくことになったのだ。

また、文化的にもイスラム国家がギリシャ・ローマ文化と古代オリエント文化の事実上の継承者となったことを忘れてはならない。ゲルマン族とケルト族とラテン族混成のヨーロッパはイスラム世界から多くを学んだ。イスラム世界がなければルネサンスもなかっただろう。ヨーロッパは軍事力をつけながら十字軍、レコンキスタとイスラム世界に進出しながら知識や技術力をますます高めた。イスラムはヨーロッパの教師であり敵であったが、やがて産業革命を経たキリスト教国に植民地化され支配されるという力の逆転が起こるのだ。

こうなるとキリスト教側では、宗教的にも、イスラムの啓示が真の啓示ではないと証明するためにイスラムをさかんに研究するようになった。両者の間では、文化と文明の強弱と宗教的な優劣とが分かちがたい関係にあったのだ。

近代以前はイスラムが優位

日本人に実感できないのはその点だ。たとえば、幕末の日本に黒船がやってきた時、日本人は西洋の軍事力の優勢さに打ちのめされたかっこうになった。しかし、それは技術力の衝撃であって思想の衝撃ではなかった。日本の仏教は檀家制度によって江戸幕府の行政組織の一部と化していたので、国力を高めるために王政復古して国家神道を創るという改革がなされたし、西洋を支えるキリスト教に興味を持って改宗したインテリも出たものの、国全体でキリスト教の教えが優れていると思ったわけではない。思想を無視していわゆる和魂洋才で西洋技術に追いつき追い越せの富国強兵に向かったのである。

ところが一八世紀末にナポレオンがエジプト遠征した時に受けたイスラム世界の衝撃は、まったく違った種類のものだった。彼らは西洋の強さに驚いたのではなくて、みずからが弱体化したことに驚いたのである。それは、同じアブラハムの神の「最後の啓示」である真理を保持しそれを軍事力の優勢で証明してきたイスラムにとって、みずからのアイデンティティと正統性が揺らぐ大事件だった。

キリスト教はユダヤ教から分かれ、ユダヤ教の律法を成就した（つまりユダヤ教を発展的に解消させた形でユダヤの民族宗教を無効にしたわけだ）としたが、イスラム教はさらにキリスト教の更新者として発展した。

六一〇年に四〇歳のムハンマドに初めて天使が降臨した時、畏れた彼は山から下りて妻のハディージャに相談し、キリスト教徒（多分イエスの神性と人性を分ける両性説のネストリウス派だろう）で聖書にくわしい妻の従兄弟が呼ばれてムハンマドの体験を判定することになった。従兄弟はムハンマドの日頃の行いが正しいこと、聖書の中の預言者たちに啓示があった時の例とムハンマドの場合が合致することから、それがモーセに降りたのと同じ啓示伝達の天使だと断定したと伝えられる。

要するに、アブラハムの宗教で一神教だからユダヤ教もキリスト教もイスラム教も兄弟だと呼ばれるものの、それぞれ、後に行くほどすぐれた宗教だと主張する構造になっているわけである。そこには、唯一神がこの世界を創り、神の計画に沿って歴史が刻まれていくという、線的な世界観が横たわっている。

キリスト教の始まりとなったイエスが「神のものは神に、カエサル（皇帝）のものはカエサルに」という形で政教分離型の非戦闘的（どころか抵抗もせずに殺されてしまった）人間だったのに対して、イスラム教のムハンマドは軍事のリーダーでもあり政治的存在だったからイスラムの軍事力の優勢がムハンマドの教えの正しさを裏づけた。十字軍による一時の侵略やスペインのレコンキスタにかかわらず、一七世紀にオスマン帝国が第二次ウィーン包囲に失敗するまで、イスラムの優位と啓示の宗教としての正統性への確信はつづいていたのだ。

しかし一九世紀に入る時点では、宗教改革によって自由主義に目覚めさらに産業革命を経たキリスト教文明の技術力は、世界を制覇するに足るものとなっていた。イスラム世界にとってはこの優劣が宗教の正統性を揺るがせる大問題だったのだ。日本のような国は思想性を問題としないままに西洋的「近代化」を果たしたが、イスラム世界ではそう簡単にはいかなかった。

イスラムの「異議申し立て」はなぜ有効か

これにはイスラムの法の概念もかかわっている。それを簡単に説明してみよう。キリスト教はそもそも、政教分離だけではなく法律と宗教も分離する法教分離の体系である。キリスト教が成立したユダヤ社会には律法があったし、キリスト教が展開したヘレニズム世界にはすでにローマ法が行き渡っていた。キリスト教はそれらの法と基本的には抵触《ていしょく》することなくもっと倫理的な側面に注目し、神の目に正しい行いを説いた。「たとえ律法を持たない異邦人も、律法の命じるところを自然に行えば、律法を持たなくとも、自分自身が律法なのです」（ローマ二・一四）とあるように、どんな人も神の目にかなう自然法を守り得るという立場だ。この政教分離と法教分離の原則が、キリスト教を世界宗教として発展させた。

もちろん政治や法律と分離しているからこそ、世俗の権力者たちにいいように利用されてきたという事実はある。また宣教の過程で、たとえば祖霊を信仰する日本人が、洗礼を受けずに死んだ先祖はすべて地獄に堕ちていて救いようがないと言われて悩んだように、イエスの精神から離れた教条主義的展開の歴史もあった。しかし、本来のキリスト教は政治とも法律とも分離し得る。だからこそ、宗教改革以降にキリスト教国が生産性の向上や利益の追求に専念できる「近代化」を成しとげることができたのだ。

それに比べてイスラムはユダヤ教と同様、神から与えられた法体系を信仰の中心においている。ムハンマドが現れた七世紀のアラビアは、いろいろな部族が割拠していて成文化された法律がなかった。ユダヤ人コミュニティの持つ律法やキリスト教コミュニティの持つ聖書という文明のシンボルが欠けていた彼らにとって、アラビア語で与えられた神の最後の啓示（コーラン）は待望のものだったのだろう。だからこそ、いったんコーランとハディース（ムハンマドの言行録）からなる法体系ができた後では、そのシャリーア（法）のもとに団結し、それを守るための国土をあっという間に広げて、イスラムに基づく新秩序を打ち立てることができたのだ。

だから、キリスト教ヨーロッパが、本来は法の体系ではないキリスト教と世俗権力の癒着《ゆちゃく》や抗争を繰り返しつつも結局は「近代法」を手にいれて強大な力を蓄えたのに比べて、イスラム世界の「近代化」は遅れざるを得なかった。この構造は今もつづいている。しかし、イスラム世界がその貧しさや近代化の遅れにもかかわらず今もこれほどキリスト教大国の脅威となっているのは、やはり宗教上の兄弟関係が尾を引いているからだ。つまり、イスラム教は軍事力の優勢による正統性の保証はひとまず失ったにせよ、一神教としての正論をかざしてキリスト教文明を批判しつづけているからだ。これがたとえば米ソの対立などとは根本的にちがう。

イスラム諸国は、かつての共産主義陣営のような経済圏もなしていないし、軍事同盟もなく技術力もないからアメリカの仮想敵としての実体はなかった。けれども彼らがイスラムの名においてたとえば物質主義や消費主義における金銭の偶像崇拝を攻撃してくると、その異議申し立ての脅威は共産主義よりインパクトを持つ。「神」を基盤にしているアメリカの政治的道義的な弱点から力を引き出しているからだ（実際、二一世紀の地政学においては深刻な問題となっている）。

たとえば、日本のような国が仏教や神道の名のもとにアメリカに異議申し立てをすることがあり得ないのを考えると分かるだろう。もちろん今の国際社会の「善」のコンセンサスとして人権だの環境保全などがあるのだが、その歴史は浅く、近代文明の基盤となった「神」ほどの力はない。第一、人権だの環境保全だのの論理的基盤にも、キリスト教風の理屈づけがある。神の似姿として創造された人間だからこそ等しく価値があるし、万物の秩序も神の造ったものとして尊重されなければならない。アメリカの人権宣言にゴッドという言葉がちゃんと登場するのを見てもそれは分かる。

「近代化」せずに弱体化したとはいえ、一神教の最後に現れた更新者としてのイスラムは、市場原理と富の力に支配された西洋的社会の脅威となりつづける。この辺の宗教的こだわりがわからないと、現代社会の状況というのは正確に見えてこない。一神教を奉じる人たちは、世俗化したと言われるこの地球の人口の半数を今も超えていることを、常に頭に入れておこう。

発展史観と「普遍性」への固執

では、そもそも肥沃な地中海地域でなく北の辺境に追いやられたキリスト教ヨーロッパが、どうして世界を制覇するような技術力を手に入れたのだろうか。これは謎だ。もともと人類の発明と言えるものは、車輪、文字、冶金《やきん》、牧畜や農耕から中央集権国家に至るまで、すべてインド、中国、メソポタミアといった「オリエント」で生まれている。ヨーロッパで初めて生まれた発明品は九〇〇年頃にやっとアルプス地方に現れた水車だと言われているぐらいだ。そんな後進地域が、わずか数世紀のうちに世界に冠たる技術を発展させた。

こうなったのは彼らの技術が、進歩主義、発展史観に支えられていたからだ。今や進歩主義の世界に生きている我々には、科学やテクノロジーとは日進月歩だという感覚が当たり前になっている。今日の新製品の新機能が明日は時代遅れになっているくらいだ。ところが、ヨーロッパ以外の地球上の他の地域では、必ずしもそんな経緯はたどらなかった。たとえば中国にはずっと昔から機械仕掛けの時計製作技術が存在していたらしいが、一四世紀頃に消滅してしまった。日本の戦国時代にポルトガルから火縄銃が伝えられた時もそうだ。器用な日本人はまたたくまに技術を改良したが、江戸の平和がつづくと銃は歴史の表舞台から姿を消してしまった。いったん獲得された技術がどんどん進歩していくという考え方は必ずしも普遍的ではないらしい。

これに対して、キリスト教ヨーロッパはルネサンスに機械仕掛けの時計製作技術が現れてからは、止まることを知らぬまま機械文明に突き進んでいった。しかもテクニックの向上があるだけではなく、視線が世界に開いていて、「将来」「未来」に向かっている。未知のものへの冒険心も旺盛だ。イスラム世界に遅れをとった後進地域だったヨーロッパは、一六世紀の初めには五〇もの大学をかかえる知的レベルに達していた。こうして、新世界を目指しての大航海時代が始まったのだ。

特定の政治や法律に縛られずに自由であろうとするキリスト教は、このように世界へ向かう普遍性を内包している。しかも、初期以来、公会議を繰り返して、さまざまな異論を調整して合意に導こうとする調停主義、合議主義が顕著だった。地域も民族も異なる共同体に共通するスタンダードの確立を常に模索していたのだ。

そんなグローバリゼーション志向が福音宣教主義にもなり、一方では帝国主義や植民地主義として展開していったわけだが、同時に、グローバリゼーションを支える科学技術も発展した。他の一神教が、創造者である神と被創造物である世界とを分ける傾向を見せるのに対し、イエスという「神の人間的現れ」を持つキリスト教は、神が世界に介入し動かしつづけるメカニズムを究明しつづけるからだ。

新たな普遍性の模索

もっとも、産業革命以後のヨーロッパ文明はキリスト教的な世界観から離れて独り歩きし始めた。宇宙の法則を解き明かすために神の言葉である聖書をどんなにいじくりまわしても、満足すべき結果が得られなかったからだ。神は科学技術の先端からは外された。だが、キリスト教的な進歩主義のダイナミズムは残った。

法律や政治の分野でも「神離れ」が進行した。宗教改革によってヨーロッパキリスト教社会が分裂して互いの殺し合いに発展した。これを何とか収めなくてはならなかったからだ。地域による住み分けや、個人レベルでの信仰の自由を認める試みや、宗教と関係のない「市民」として共通の規則に服従させる方法が模索された。試行錯誤が繰り返され、体験が蓄積されていった。共和主義（血縁や宗教と関係なく同じ場所に住む人に同じ権利を与える）や民主主義として実を結ぶたえまない思考訓練の伝統がこうして生まれた。

今の「先進国」はすっかり世俗化して、宗教の出る幕はないかのように思われがちだが、キリスト教は新しい使命を自分たちに課している。キリスト教の基礎にある「汝《なんじ》の隣人を愛せよ、敵も愛せよ」という平和主義と、女性や徴税人やサマリア人や病人や障害者を差別しなかった非差別普遍主義を今こそ訴えようというのだ。

確かに、今のヨーロッパでは日曜日ごとに教会へ行くような実践的キリスト教信者は少ないし、イスラム諸国からの移民や無神論者も含めて宗教的な多様化が進んでいる。しかしそれは果たしてキリスト教の衰退なのだろうか。キリスト教が権力としての宗教、イデオロギーとしての宗教であることを卒業したからこそ、世界の経済的弱者やマイノリティを守り、平和に貢献することができるのではないだろうか。

十字軍を繰り出して、イスラムだけではなく東方教会も破壊したりプロテスタントを弾圧したりしたローマ・カトリックは、二〇世紀後半の第二ヴァティカン公会議（一九六二〜六五）において、人類は宗教的自由を持つと宣言した。すべての人は適正な限界の範囲内で個人または団体で、私的または公的に自分の良心に適合する宗教行為を行う権利を有するというわけだ。考えてみたら、一つの宗教がこんなことをわざわざ宣言するということ自体が特異である。ヴァティカンはヨーロッパの安全互助機関や核軍縮条約にも顔を出し、宣教を目的としない人道組織も内部に作っている。福音は多様な世界の自由の中でのみ真に有効であり、キリスト教は本領を発揮して、軍事力抜きの世界の調停役・まとめ役となることを信仰の証しとすることができる。フランスのカトリックとプロテスタントは「自分たちの考え方を非信者の社会にも提案し、体験談として発表していく」という共同声明を出した。

二〇世紀の初めにはキリスト教徒の三分の二はヨーロッパに集中していたが、今はヨーロッパ以外（特にアメリカ大陸）がマジョリティとなっている。つまり、多様化の世の中のおかげで、キリスト教はその歴史上で最もユニヴァーサルな形に広がっているのだ。メディアもグローバル化しているから、意見を伝えやすい。世界中にちらばるキリスト教徒を通して世界平和を効率的に訴えることも可能なのだ。

実際、ローマ法王ヨハネ・パウロ二世の音頭取りで、アッシジなどでの世界平和祈禱集会がスタートした。一九九三年のシカゴ万国宗教会議では「倫理のグローバリゼーション」も試みられた。どのような宗教も、非暴力、生命の尊重、公平な経済秩序における連帯、寛容、信頼、男女の同権に基づく倫理を認めつつある。

世界中で宗教の名において紛争や戦争が行われている限り、平和を求める宗教者たちの役割は小さくない。ほうっておくと個人を圧迫するイデオロギーの宗教やカルト宗教も跋扈《ばっこ》するのだ。キリスト教の理念のもとに、キリスト教だけではない多様な社会をまとめる共和主義的な欧州連合も、キリスト教の新しい使命のヴァリエーションと言えるかもしれない。現代文明はよくも悪くもキリスト教的ダイナミズムに端を発して作られてきた。それは環境も破壊したかもしれないし人間を利益追求至上主義の個人やばらばらな消費者に還元してしまったかもしれないが、公平に見て、平均寿命を延ばし病を治し生活を快適で便利にしてもくれた。そのルーツであるキリスト教を無視するわけにはいかないだろう。

宗教の病理である覇権主義や独善主義から脱して成熟をとげたキリスト教であるからこそ、お得意の進歩主義やグローバル化の能力を今こそ有効に使ってほしいものだ。それが、今の世界に「近代社会」のスタンダードをおしつけた西洋というものを形作ったキリスト教の責任でもあるだろう。今も存在する大国の経済帝国主義や強硬軍事路線を牽制する力となり、文明の衝突などと言っていないで異文化同士の有効な共存のためにキリスト教が知恵をしぼってくれることを期待しよう。二〇〇〇年前に十字架上で死を甘受した彼らの神に寄り添う人々の心に、まだまだパワーがあると信じたい。

（この項の参考文献として、小杉泰「現代におけるイスラームの『再構築』」『現代思想』一九八九年一二月号を特記する）

2　イエスは存在したか

キリスト教が西洋の歴史の中であまりにも大きな影響力を持っていたので、それに反発するアンチ・キリスト教派も少なからず出た。また近代にはプロテスタントを中心に聖書の批判学や神話学的解釈が盛んになった。批判学というのは聖書の中の矛盾した部分や超自然的な部分を理性的に解釈するもので、神話学派は聖書の物語全部を歴史的記述ではないまったくの神話として読むものだ。

だいたい前者はイエスをメシア幻想にとりつかれたただの男であり神の子というたいそうなものではないとする論調になり、後者はイエスとは歴史上の人物ではないと考える。イエスの受難物語はユダヤ世界のメシア願望と、古代からある「神々が人となり苦難に遭い人類を救うために犠牲となる」というテーマから作られた神話に過ぎない、バビロニアの神話の英雄ギルガメシュやカナン民族が礼拝していた太陽神がイエスに転化したというものから、イエスというのはメソポタミアの宗教儀式で使われた幻覚性を持つ茸《きのこ》の名であるというものまでいろいろな説がある。これらの説は、イエスを神の子でありメシア（キリスト）であると無条件に信じる立場から一線を画すもので、キリスト教社会でこういう説を語り出すと、どこかしらスキャンダラスなものになる。なかには、イエスの性格分析と称して、両親と正常な家族関係を築けなかった宗教的狂信者、放浪癖のある人、同性愛者、不眠症患者などと延々とあげつらう心理学者も出てきた。

しかし、イエスの卑小化やイエスの存在を抹殺する仮説で万人を納得させるようなものは出ていない。それどころか、聖書が神話や寓話だという前提に立っているにもかかわらず、その福音書の枝葉末節にイエス否定の根拠を見いだそうとする、方法的な矛盾を持った説が多い。逆に、考古学の発展は聖書に出てくる地名や人名が実際に存在したことを明らかにしつつある。

また、三つの共観福音書ができ始めた頃にはまだユダヤの神殿も建っていたので、祭司たちも健在だった。その上、エルサレムとの接触の多い外国のユダヤ人共同体への配慮もあるので、イエスが救世主キリストだとする教えは、それが史実に基づくものかどうかという厳しい検閲の眼に常にさらされていたといえるだろう。だから福音書の中には、初期キリスト教がイエスを賛美する演出からは考えられないような都合の悪い記述があちこちに見られる。処刑の後の復活も当時のユダヤ社会で証言能力を認められていなかった女性たちに初めて目撃されたとある。復活の物語がどうせ神話ならば、ローマ人のユダヤ総督ピラトや大祭司など敵対者のところに華々しく現れたと書いてもよさそうだが、それもない。

キリスト教の初期は、ユダヤ人以外の信者を認めるかどうか、安息日を守る必要があるのか、教会の指導者の権威などについてなどいろいろな意見が分かれ分裂が繰り返されてきたが、ある派の言い分を正当化するために「イエスの言葉」が福音書に書き加えられたり変えられたりすることはなかった。弟子たちはイエスの言動について、足りないことや都合の悪いことを含めて最初の情報を守ったわけだから、イエスが神話上の存在だったと考えるのは難しい。

3　イエスは何語で話したか

イエスが説教したのはアラム語だったと思われる。アラム語は彼の時代のパレスティナで普通に使われていたセム系の言葉で、今でもシリアのダマスクス付近の村で使用されている言葉だ。彼は早熟な少年で一二歳の時に神殿で律法学者たちと意見を交わしていたほどだから、もちろん旧約聖書や律法の言葉である古代ヘブライ語を自由に駆使することができただろう。「ルカによる福音書」(四・一六〜二三)には、ナザレのシナゴーグ会堂で「イザヤ書」のパッセージを読むイエスのことが書かれている(ユダヤ人の成人男子ならだれでも会堂で律法を読みコメントすることができた)。イザヤは北王国のイスラエルがアッシリアに捕囚されていた紀元前八世紀の預言者で、救い主メシアがパレスティナでユダヤの民の中に生まれること、苦難のうちに死ななくてはならないことなどを書き残したので、「イザヤ書」は後にキリスト教徒がイエスをメシアだと認めた根拠の一つになる重要文献だ。

またイエスは、当時ローマ帝国のオリエント地域の公用語だったギリシャ語も不自由なく話したと思われる。「マタイによる福音書」（八・五）には、ローマ帝国の兵士（百人隊長）がイエスのもとに来て直接話したことが書かれているからだ。イエスが逮捕されてからピラトの官邸で尋問を受けた時の質疑応答も、通訳抜きで直接交わされている様子だ。

アラム語、ヘブライ語、ギリシャ語の三ヵ語を駆使するというのは、当時のパレスティナで読み書きのできる人には珍しいことではなかった。聖典の言葉、ローカルな言葉（アラム語訳の聖典も流布していた）、植民地支配をしている国の公用語と、三ヵ語を使うのは妥当なところだろう。

不思議と言えば不思議なのは、教祖となったイエスの肉体的な特徴や学識について、聖書が何も語っていないことだ。ある人が社会で尊敬されるためには学問が必要だった世界で、人々に説得力ある説教をしてまわっていたイエスの学歴や教育についての記述や賛美がないのは宗教文書としては不自然ですらある。一二歳の時に律法学者と議論していたという先の記録も、それほど頭がよかったというよりは、親への服従が絶対であった社会において親をほったらかしにして自分勝手な行動をとったということで、決して好印象を与えるエピソードではない。

そのイエスの死と復活をもって彼をメシア＝キリストとする福音を宣教するにあたって、弟子たちは、ギリシャ語圏のネットワークを利用した。旧約聖書のうち最後に書かれたと思われる部分（ネヘミヤ記、マラキ書）は紀元前五世紀頃で、その後、キリスト教の始まるまでの四世紀以上の間、パレスティナはまずギリシャに征服されてギリシャ語圏に入り、次にローマに征服されて網の目のような道路がつくられた。福音書はギリシャ語で書かれ、その伝達のインフラもできあがっていたのだ。

とはいっても世界に散らばっていった弟子たちには、もちろん言葉の問題はあっただろう。それは次のエピソードが物語るように、聖霊によって解決したと言われている。

イエスが復活して四〇日後に昇天し、その一〇日後、聖霊降臨という現象が起こった。これは「聖霊によるバプテスマ（洗礼）」とも呼ばれる。復活したイエスは弟子たちに、エルサレムから離れずに神の約束を待っているように、ヨハネは水で洗礼を授けたが彼らは間もなく聖霊によって洗礼を授けられるだろうと言い残していた。

復活後五〇日の五旬節（ペンテコステ）は、ユダヤ教の祭でもある。すなわちキリスト教の復活祭はユダヤ教の過越の祭（エジプトにいたユダヤ人の家を災いが過ぎ越すように神が計らってくれたことを記念する）に相当し、その五〇日後はモーセが神から十戒を記した石板を授けられたことを記念する日だった。弟子たちが一堂に集まっているとき、突然、激しい風が吹いてきたような音が天から起こり、家中に響き渡った。さらに舌のようなものが炎のように分かれて現れ、一人一人の上に留まった。すると一同は聖霊に満たされ、御霊が語らせるままにいろいろの他国の言葉で語り始めた。この物音に驚いて人が集まってきたが、エルサレムには世界のあちこちに散らばっていたユダヤ人たちが住んでいたので、彼らは自分たちの故郷の言葉で弟子たちが神の働きについて述べているのを聞いて大いに驚いたという。

旧約聖書の「創世記」の一一章には有名なバベルの塔の話が出てくる。大洪水に生き残ったノアの子孫の人々が高慢になり天に届くような高い塔を建て始めたところ、神は人々の言葉を互いに通じなくしたので彼らは塔を完成することができぬまま各地に散っていったという話だ。いったんばらばらになった言葉が、聖霊の降臨によってまた通じるようになったという構成になっている。「舌」には言葉という意味もある。

この「聖霊によるバプテスマ」という印象的な出来事は、初期の教会でもよく起きたらしい。みなが集まっているところで地が揺れ動き聖霊が降りて人々が大胆に神の言葉を語り出したり、パウロによってイエスの名において洗礼を授けられた人々が按手を受けて、異言《いげん》を語ったり預言をしたりしだしたという記録もある。教会では聖霊に満たされた人々が「異言」という形で訳の分からない言葉をしゃべり出す。それは神からの「賜物」であると見なされ、その異言を解読する力もまた賜物である。

この「異言」の話は外部から見るといかにも「神懸かり」という雰囲気で、古代的かフォークロリックな感じがするし、実際、組織化が進みメジャーになってからのキリスト教には一見あやしげな異言や預言というものがほとんど見られなくなった。

ところが、今でもこの「聖霊の洗礼」を重視するプロテスタントの教派がちゃんとあり、しかも信仰に勢いがある。エルヴィス・プレスリーが信者だったことで有名なペンテコステ派がそれで、二〇世紀のアメリカで発展した。ミサは、感情に訴える音楽が演奏されたり人々が歌ったり叫んだり集団で恍惚状態に入ったり癒しの奇跡が起こったりする派手な展開をすることが多い。牧師に按手をしてもらって倒れる信者も続出する。カトリックのような形式的な典礼が主流の世界でも、同じ傾向のカリスマ（賜物）派というのが生まれていて、カルト宗教すれすれだと批判する人もいる。

イエスが何語で語ったにせよ、福音宣教が言語による伝達に基盤を置く限り、人々の「語りの表現」へのこだわりはつづくことだろう。

4　イエスの物語は書けるのか

『新約聖書』の中で一番古いのはパウロの手紙だと言われる。パウロは生前のイエスを直接知らなかったが、イエスの直弟子のペトロやヤコブなどとは緊密な関係を保っていた。そのパウロの手紙の中にはイエスの生涯の物語が言及されている箇所が少しある。手紙の想定読者はすでにキリスト教を信じる共同体だから、イエスの物語はみながもう了解済みの事項であったはずなので多くを語る必要がなかったのだろう。

イエスは「女から、しかも律法の下に生まれた」（ガラテヤ四・四）「ダビデの子孫」（ローマ一・三）で、十字架にかけられて、死に、埋葬され、復活した（コリント一、二・八／一五・三〜四／ガラテヤ二・二〇／三・一／フィリピ二・八）。以上がパウロの語るイエスの人生のすべてだ。

イエスの物語をもっとくわしく知るための資料は、四つの福音書がほぼすべてだと言っていい。その福音書はすべてイエスの死後何十年もたってから書かれたし、あれほどイエスとキリスト教とを攻撃したユダヤ教側の資料はイエスを黙殺している。五世紀のバビロニアのタルムードの中でようやくキリストについてのコメントが否定的に出てくる程度だ。

歴史家の記述に目を移せば、一世紀にユダヤ人歴史家のフラヴィウス・ヨセフスが、イエスという賢者が多くの弟子を得たがピラトによって十字架刑に処せられたこと、弟子たちがその教えを伝え、イエスが生きて現れたと言ったこと、キリスト者のグループはまだ存続していることを書き残した以外には、二世紀初めになって歴史家のタキトゥスやプリニウスによるもっと短い言及があるだけだ。そして福音書はといえば、歴史記述というよりは教えの書、宗教書である。これではイエスを歴史的人物として描き出す資料があまりにも少ない。第一キリスト教徒たちにとってはイエスは神であり信仰の対象だったのだから、「歴史学」の対象にする必要はなかった。神学や聖書の注釈書などは山のように書かれたが、イエスの実証的伝記を書こうとするものなどいなかった。イエスの歴史的実在を疑うような言説すら登場した。イエスに比べたらまだブッダやムハンマドの方が歴史研究の対象にしやすそうに見えた。

ところが、一八六三年、一人のフランス人が「イエスは、彼の前には著名人をまったく出していないガリラヤの小さな町ナザレで生まれた」という書き出しでイエスの伝記を世に問うた。イエスをダビデの系譜だと位置づけるための「ベツレヘム生まれ」という伝承を無視した簡潔な文体に人々は虚をつかれた。セム語学者で二〇年にわたる大作『キリスト教起源史』の第一巻『イエスの生涯』を世に出したこの男エルネスト・ルナンは、キリストを「比類なき人間」と呼んでコレージュ・ド・フランスのヘブライ語教授の職を解かれた。

ルナンの書は大スキャンダルを巻き起こした。そのこと自体、日本のような国にいると想像するのが難しいのだが、もっと驚かされるのはそれ以来、実証的なイエスの物語を敢えて書く試みが絶えてしまったことである。ルナンの著作は当時の科学的なキリスト教研究の成果を最大限に盛り込んでいた上に文学の香り高い作品だったが、ありとあらゆる非難を浴びることになった。イエスが生まれたのがナザレだったかベツレヘムだったかというようなディテールについてだけではない、個人がイエスの伝記文学を書くということ自体が不可能だとされたのだ。

一九〇六年、アルベルト・シュヴァイツァーは『イエス伝研究史』という本を出版し、伝記作家の手によるイエスは「啓蒙哲学者」にされたり「革命の勝者」にされたり「(終末が近いと言って）間違えた預言者」にされたりしてきたと揶揄《やゆ》した。きわめつきはドイツのチュービンゲンでマルティン・ディベリウスが一九一九年に出した『福音書の様式史』で、歴史学的イエス伝を書くことは不可能だと結論づけた。

ディベリウスは、有名なルドルフ・ブルトマンと共にドイツの批判的聖書学派に属している。彼らによると、我々はイエスのことを宣教者によって書かれたテキストでしか知らないから、科学的に公平な伝記研究ができない。プロパガンダでは歴史事実を語れないからだ。福音書をプロパガンダとして排除すると、イエスに関する他の資料は無に等しいから、イエスの物語は不可能だということになる。

ブルトマンの学派はそれまで伝統にとらわれていた聖書の解釈学に多大な進歩をもたらしたし、イエスについての神学的哲学的考察も深まった。しかし普通の人が信頼して読めるイエスの伝記文学への試みは、こうして終止符を打たれた形になった。

もちろん、キリスト教作家たちによる『イエス伝』の類いは事欠かない。フランスでもルナンの前にパスカルがイエスの生涯について書いているし、ルナンの後もフランソワ・モーリアックやジャン・ギトンが書いている。しかしそれらは信仰の書、宗教文学であって、歴史書ではない。逆に、宗教の聖典である福音書をもとにしたイエス伝が「信仰の書」のカテゴリーを離れたからといって、歴史書として成り立つ保証はない。むしろ、シュヴァイツァーの言ったようにイデオロギーの道具にされるか不当に矮小化《わいしょうか》される方が多かったし、オカルトやニューエイジの流れの中で当初のもくろみとは逆に、イエスが相対化されることすらあるのが現実である。

一方で、学問的な聖書研究はルナン以来ますます進歩を見せた。言語学、文献学、テキスト批判学、考古学などによる聖書学の成果は著しい。それなのに、その成果を踏まえてもう一度ルナンのような「歴史的なイエスの物語」を書こうという人は出ていない。それには二つの理由がある。

まず、イエスは単なる歴史上の偉人や有名人というだけではなく、現実に活動中のキリスト教という世界宗教のシンボルでもあるからだ。キリスト教にとってイエスは人間であると共に神でもあるから、キリスト教という制度から離れたアプローチはすぐに非難の対象になる。ドイツのカトリック神学者オイゲン・ドレーヴァーマンは精神分析的解釈を出しただけで謹慎処分を言い渡されてしまった。教会内部の人ですらそうだから、教会外の研究者が教会を敵にしてまでイエスについての中立的研究を発表するメリットはないと考えるのも無理がない。

もう一つの理由は、実証的なイエスの物語は書けないというディベリウスやブルトマンの宣言がまだ尾を引いているからだ。イエスに関する歴史資料はないに等しい。キリスト教は近代世界を制覇した西洋文明のアイデンティティと結びつくほどの大宗教である。そのキリスト教の基となったイエスは釈迦《しゃか》のように王宮で生まれたわけではなく、ムハンマドのようにアラビアの宗教と交易の要地であったメッカという大都市に生まれたわけでもなかった（イエスがローマやアレキサンドリアに生まれていたらもっと多くの記録が残っていただろう）。政治にも政治家にもかかわることなく、兵も率いず、敵の征服もしなかった。活動したのはローカルなパレスティナの一角で、彼の出身民族であるユダヤ教徒は彼の活動を嫌い無視して記録を残さなかった。

後世パレスティナを出て世界中に大影響を与えたキリスト教を出発させた男としては、何とつつましくささやかな足跡だろう。ティヤール・ド・シャルダンが言った通り、「人類に起こる大きな出来事は多くの場合ひっそりと始まる」のだ。

しかし、二一世紀の今は、歴史的人物であるイエスにまったく新しい光が与えられつつある。別に新しい資料が発見されたからではない。他の研究によって、福音書というものが単なるプロパガンダではないことが分かってきたからだ。それどころか、同時代の敵から向けられた厳しい視線によって洗われて残った、ドキュメントの価値ある貴重な歴史資料だということが分かりつつある。

聖書研究の歴史の中で、福音書は、最初は絶対的な「神の言葉」としてのみあつかわれ、次にその反動で、神話でしかない、特定宗教のプロパガンダでしかないと見なされたこともあった。しかし、振り子が大きく左右に揺れた後で、今ようやく、信頼に足る歴史資料としてあつかわれつつあるのだ。

現在、人類に共通する偉人としてのイエスの物語が書かれる時が来ている。

アフガニスタンのタリバーンがバーミヤンの大仏を破壊した時、仏教徒からだけではなく世界中から抗議の声があがった。仏教徒のいないイスラムの国でイスラムの指導者が何をしようと他国から不当な干渉を受けるいわれはないという「正論」よりも、人類の共通遺産を守るべきだという多くの人の信念の声の方が大きかったことは記憶に新しい。情報社会で地球がグローバル化していく時代になって、宗教や政治を超えて人類が共通して守るべき文化が存在するのだということに人々が合意し始めたらしい。それはホモ・サピエンスとしての人類の成熟の一つの姿であるにちがいない。もちろん共通遺産は自然環境や建造物だけではない。心の環境も広げたり深めたりすることができるのだ。

やがて教会やイエスが西洋文明やキリスト教の占有財産ではなくなる時が来る。教会の物語もイエスの物語も人類の冒険を語る歴史として研究されるようになるだろう。そんな「イエスの物語」の中から、「神」としてのイエスよりも「特定宗教の教祖」としてのイエスよりももっと魅力的な何か、世界の多くの人を動かしてきた力の源泉が見えてくることを期待しよう。

（この項の主要参考文献　J.-C. BARREAU, *BIOGRAPHIE DE JÉSUS*, PLON）

5　イエスのオリジナリティ

イエスのことを「愛の天才」だと言う人がよくいる。律法によって生活が規定されていた古代世界に無償の愛という概念を持ち出したからだ。しかしこの考え方は、じつはあまり正確ではない。ユダヤ教の膨大な律法体系だのイスラム教のコーラン（とムハンマドの言行録ハディース）に基づく細々としたシャリーア法だのを見て基本的人権である自由を侵す時代遅れなもののように感じる人がいて、そんな人が、律法主義から自由になって人間主義に向かったキリスト教が進んでいるという論を立てるのだが、果たしてそうだろうか。

キリスト教ができたユダヤ世界には律法があってイエスは別に反逆していなかったし、そのキリスト教が広がったヘレニズム的ローマ世界にはローマ法が機能していた。キリスト教の特徴は、ユダヤ教が律法を根幹にし、イスラム教がシャリーア法を基礎にしたのと比べて、イエスが「神のものは神に、カエサルのものはカエサルに」と言ったようにそのベースに、法律と信仰を分ける姿勢、今で言うと政教分離の建前があるところだ。もちろん歴史の中でキリスト教会が政治権力を握ったり政治権力がキリスト教を利用したりしたことはしょっちゅうあったが、この建前のおかげで、近代以降のキリスト教はモラルの体系としてスマートになることができた。といっても、人が法律を必要とするのは古代も今も変わらず、

「神に与えられた律法」がなくても、人定法の膨大な体系が我々の社会を規定しているのは同じである。

殺伐としていた二〇〇〇年前のパレスティナで愛を説いたのも、イエスが最初ではなかった。イエスの教えの内容は、当時の進歩的ファリサイ（パリサイ）派に近い。イエスはファリサイ派のように縁《ふち》のある上衣を着ていたし、ファリサイ派の人たちと共に食事もした（ルカ七・三六、一一・三七）。ラビ・ヒレルやラビ・シャンマイといった人たちは愛を語り、イエスと同様、モラルにおいては外的な形よりも内的良心の方が重要だと言っていた。しかしイエスが彼らと違っていたのは、その言い方だ。

進歩的なファリサイ派といえども、律法の解釈を説いたのであって自分たちの言葉に絶対的権威を付与することはない。ところがイエスはたとえば、「あなたがたも聞いているとおり……しかし、わたしは言っておく」（マタイ五・二一～二二）というふうに、自分の言葉が先験的に正しいという立場で語った。だからこそ神殿の祭司長や律法学者や長老たちがやってきて「何の権威で、このようなことをしているのか。だれが、そうする権威を与えたのか」とイエスを問い詰めたのだ（マルコ一一・二八）。

イエスは天から付与された権威を持って語り、預言者としてふるまった。厖大な数の群衆を前にして説教できたということは、よく通る堂々とした声の持ち主であったに違いない。そして天才的なのはその説教のしかただった。分かりやすくしかも深い含蓄のある数々の喩え話は、その後キリスト教文化共通の貴重な教養源になっている。山上の垂訓などで有名なイエスの説教を知るためにだけでも福音書は必読書だ（マタイ五〜七ほか）。中国の思想書などにも巧みな喩え話はたくさんあるけれど、分かりやすさや絶妙な効果でイエスの喩え話は独特だ。柔軟で弁証法的でパラドクスに満ちていて、紋切り型や教条主義と縁遠く、質問に対して質問で答え、相手の自問を促すやり方は、むしろソクラテスに一番似ているかもしれない。イエスはユダヤ教をつきつめ、ソクラテスはギリシャ哲学をつきつめて、両者とも自然の美を愛した。ソクラテスは汝自身を知れ、そうすれば宇宙と神々を知ることになろうと語り、イエスは「神の国はあなたがたの間にある」（ルカ一七・二一）と言った。でも、ものごとの本質を深く語る人は、既成の価値観に従って満足して生きている人たちからは歓迎されない。だからソクラテスもイエスも権力者に殺されてしまった。

真理とは銀の盆にのせて押しつけられるものではなく、いろいろな綾《あや》を織り成しながら人を誘う道のように与えられるのかもしれない。イエスは預言者の権威をもって語ったが、人間性の深いところにある、人々の中の最善のものを引き出そうとした。律法などが、時代や場所や民族の文脈が変化するにつれて多くの意味が理解不能になるのと違って、ソクラテスの言葉やイエスの説教が決して古くならないのはそのためだろう。

ここでイエスの話し方を一例だけ引いておこう。ある律法の専門家がイエスにどうしたら永遠の命を授かるかと質問した。これに対してイエスは「律法には何と書いてあり、あなたはそれをどう読んでいるか」という問いで答えた。その結果、「神を愛し隣人を自分のように愛することを実行せよ」ということになり、相手は、では「私の隣人とはだれですか」と突っ込んできた。それに対してイエスは喩え話で答える。

ある人が旅の途中で追いはぎに襲われて負傷した。そこに祭司とレビ人（神殿に仕える人）が通りかかったがどちらも負傷者を避けて道の向こう側を通った。次に通ったあるサマリア人（ユダヤの社会では律法を守らぬ異端者として嫌われていた）がその人を宿屋に連れていって介抱し、翌朝出掛ける時にも宿屋の主人に自分の金を渡してその人の介抱を頼んでいった。祭司とレビ人とサマリア人のうちだれが追いはぎに襲われた旅人の隣人になったであろうか。

律法学者は、それは旅人を助けた人だと答え、イエスは「行って、あなたも同じようにしなさい」と結ぶ（ルカ一〇・三七）。隣人を愛せよというならその隣人を定義せよという問題提起に対して、人を愛することで自らが隣人になれという発想の転換を促しているのである。

イエスはこれが悪くてこれがいいというような善悪二元論からは遠かったから、「悪を罰する」という単純な発想はなかった。一日に七度罪を犯した人でも悔い改めますと言って七度やってくるなら赦すがいいと弟子に言っているほどだ（ルカ一七・四など）。実際、自分を裏切ろうとしているユダにも怒りを向けなかったし、理解が遅く心の弱いペトロも、疑り深いトマスも、イエスが心から愛している様子が分かる。

イエスがほんとうに嫌ったのは、人間の弱さでも裏切りや不信の罪でもない。我慢できないのはおそらく偽善だったようだ。弱い人間を愛したイエスは、自らが十字架によって惨めに死ぬことがそのまま勝利と栄光となるようなパラドクシカルな存在となった。そんなイエスを神として受け入れてしまうところにキリスト教のオリジナリティと信仰のダイナミクスが生まれたのだろう。

6　ユダがイエスを裏切ったわけ

ユダといえば一二使徒の一人でありながら銀三〇枚の報酬でイエスを権力側に引き渡した裏切り者で、その後、良心の呵責《かしゃく》に耐えかねて自殺してしまった人だとされている。その時点で彼はイエスの物語から消えてしまったわけだが、考えてみると、『旧約聖書』で語られた神の計画の成就のためにこのユダほど重大な役割を果たした人物はいない。イエスもそれを知っていて、「しようとしていることを、今すぐ、しなさい」などと言っているのだからユダの役どころを了解していたわけで、そんなユダを哀れに思った人も古来少なくない。

他の弟子たちはみなどんぐりの背比べで、特に際立った人はいなかったし、弱さだの不信だの保身だのを全部イエスに見抜かれていたが、イエスの受難と復活の後で名誉挽回のチャンスを与えられてイエスの教えを今日にまで伝える機動力となった。師が十字架上の死を受け入れたのだから、弟子たちの殉教さえ「魂」的にはハッピーエンドだろう。

そんな中でユダだけがなんだか救いのない形で死んでいった。多くの人がこのユダを特別な人間だったと考えたくなるのも無理はない。

ユダはイエスがローマ支配に抵抗する政治勢力となることを期待していたのに、イエスがまったく政治的動きを見せなかったので業を煮やして離反してしまった、という見方はかなりスタンダードだ。しかしそれでは後で自殺するほどのユダの苦悩が分からないということでもっと情緒的な関係を想像する者もいる。そうなると、情緒的な関係を持ち出すついでにイエスの公生活に色を添えるマグダラのマリアも登場させられる。世界中で学生運動が盛んだった一九六〇年代を経て七〇年代に人気だった『ジーザス・クライスト・スーパースター』というミュージカルは映画にもなったが、そこには学生運動のグループの士気と高揚と喪失、恐怖、愛憎などが反映されていた。

ユダの役は黒人が演じ、イエスというリーダーを最も愛し、リーダーの強さも弱さも苦しみも理解したがための葛藤が描かれていた。ユダは、リーダーがそのカリスマ性を失わないうちに悲劇の死を遂げさせることで彼らの運動を成就させ、リーダーのイメージを永遠に守ろうとしたのだ。自分の存在が自分以上のものになっていく運命におののきながら、迫りくる危険の中で悩むリーダーにとってはユダのイニシアティヴが一つの解決法になった。

ユダが絶対悪の裏切り者ではなく、人間を救済するという神の計画の中で一つの「役割」を引き受けたのだという認識そのものはキリスト教内部にもちゃんとある。それなのに、ユダという名（アブラハムの孫ヤコブの一二人の息子の一人でイスラエル一二民族の一先祖となる名）が、「ユダヤ人」という総称のもととなった名と同じであるせいで、「主を金で売って殺したユダヤ人の代表」というイメージがキリスト教世界にできてしまった。イエスを売った弟子の名が「ユダ」以外の名だったとしたら、ヨーロッパに広まった「神殺しのユダヤ人」という憎しみの図式が多少は緩和されていたのではないかと想像したくなるほどだ。ヨーロッパ世界で自分の土地を持つことを禁じられつづけていたユダヤ人たちが、必然的に医者や商人のような都市型の仕事に従事して富を蓄えていくうちにできあがった「ユダヤ人＝金貸し＝キリスト教的な慈悲の心のない不正なやつ」という偏見にも「金でイエスを売ったユダ」の姿が影を落としているのだろう。キリスト教文化がユダに向けてきた思い入れには、このような偏見と、ユダの担った大きな役割に対する認識とがないまぜになって、情緒的な葛藤がつきまとう。

ユダの裏切り　ドゥッチョ
イタリア　シエナ大聖堂美術館

日本文学では太宰治が『駈込み訴へ』というユダの独白からなる短編を残している。そのユダは、やはりイエスを熱愛し、マグダラのマリアがイエスの心を捕らえていることを嫉妬している。イエスが生き延びて醜態をさらすよりも死ぬことを望んで、権力を挑発しながら自分を殺させるように仕向けているようにユダには見えた。他人の手に渡すくらいならいっそ自分が殺してしまいたいと迷いに迷っているところを、イエスから、裏切り者は生まれてこない方がよかったとまで言われたので開き直ってしまった。実際、イエスから裏切り者だと言われた後でサタンがユダの中に入ったのだ（ヨハネ一三・二七）。ユダは一つの宗教が成立する過程の明暗を見せてくれる文学的キャラクターとして、キリスト教を活性化しつづけているのかもしれない。

7　アダムとイヴとイエス

西洋の謎々にこういうのがある。

「神はどうして女よりも先に男をつくったのか？」
「何にでも試作品は必要だから」

これは当然女性に受ける。これと反対にこんな小咄《こばなし》もある。

「神は天と地を創って言った。『我ながらよくできた。何と美しい』
次に草木を創って言った。『よくできた。なかなかきれいだ』
次に動物を創って言った。『美しい、完璧だ』
次に男を創って言った。『よし、最高に美しい』
最後に女を創ってため息をついた。
『……まあ化粧させるという手もあるか……』」

アダムとイヴ　デューラー　マドリッド
プラド美術館

近代科学が大転回させた大発見や新説のほとんどは「聖書」的事実に抵触して物議をかもした。コペルニクスの地動説しかり、ダーウィンの進化論しかりだ。教会はあわて、恫喝《どうかつ》し、やがて「あれはこちらが誤っていた、科学の発展と宗教は矛盾しない」と反省の弁を唱えたが、アメリカの州によっては今でも学校で進化論を教えることにキリスト教原理主義者たちが異を唱えるなど、こだわりの根はけっこう深い。

「創世記」的世界観にとっては人類思想上のもう一つの革命と言うべきものに、「男女の連続性」の発見がある。ヒトの基本形は女性で、本来女性になるようにプログラムされているのが、男のY染色体にある性決定遺伝子が受精卵に入ってプログラムの書き換えを行うことで男が生まれる。Y染色体を持った胎児の脳の性中枢は、男性ホルモンを浴びるせいで、原初的に持っているバイオリズムの周期性（女性の排卵など）を失ってしまうのだ。しかしホルモンの量によっては男性化が中途半端に終わることもあるので、男性化には幅があり、とかく不安定である。

神がアダムの肋骨からイヴを創ったとか、男と女が生めよ増やせよの一対で創られたというイメージの強いキリスト教世界では、なかなか性科学が発展しなかったのも無理はない。もともと古代社会では、男性神よりも命を育む大地母神系の女神を信仰することの方が多かったことはよく知られている。「父と子の神」という男系のキリスト教の方が珍しいのだ。キリスト教は古代社会の根強い女神信仰を置き換えるために「神の母マリア」の教義を打ち立てたほどだ。マリアの母である聖女アンナも信仰の対象となり、アンナとマリアの「母と娘」の母系イメージも民衆になじみ深いものとなった。マリアも聖霊の働きにより男なしで子供を生んだ。処女受胎の世界では子供がすべて女性だというイメージがある。マリアの夫ヨセフを除いたアンナ－マリア－イエスだけの聖家族像も多く描かれ、その図柄にレズビアンの匂いを嗅ぎ取る精神分析学者さえいる。ダンテの『神曲』の至高天ではマリアが「キリストに最も似た顔」だと形容されているように、マリアとイエスはよく似ていると思われていたらしい。

たしかにユダヤの神の男性的なイメージに比べるとイエスはずっと女性的な部分を持っている。イエスの血は母乳のシンボルと言われているくらいだ。イエスは第二のアダムとも呼ばれるが、原初のアダムはアダム・カドモンと呼ばれる両性具有者であるという説もある。神であり人であるということも含めて両義的なイエスは、男女の連続性という現代の性科学の最先端を体現しているのだと言えなくもないではないか。

8　キリスト教は女嫌いか――妻帯司祭の話

一九世紀フランスの作家バルベイ＝ドールヴィイに、『妻帯司祭』という挑発的な題名の小説がある。信仰を捨てた司祭が結婚してできた「贖罪の娘」がヒロインだ。カトリック神父は独身制のため、その神父が独身の誓いを破るところにいろいろなファンタスムが生まれた。サマセット・モームの『雨』、M・G・ルイスの『マンク』、E・T・A・ホフマンの『悪魔の霊薬』、グレアム・グリーンの『権力と栄光』から、日本でも遠藤周作の『影法師《せいげん》』まで文学のテーマを提供しつづけている。仏教でも鶴屋《つるや》南北《なんぼく》の『桜姫東文章《さくらひめあずまぶんしょう》』の清玄のような有名な破戒僧が歌舞伎に登場するが、キリスト教の場合は神の愛アガペーと肉体の愛エロスの拮抗が生むダイナミクスが特に芸術家を刺激したのだろう。

初期教会の司祭たちは選挙で選ばれる長老であり、妻子のある家長が普通だった。キリスト教が終末観の濃いヘレニズム世界に広がっていくうちに、禁欲的なプラトニズムの影響を受けて司祭の独身制が始まったようだ。初めは終末思想が濃かったから、司祭どころか信者にも独身が勧められたこともあった。東方の正教会では妻帯者も司祭になることができ、司教のみが独身を要求されている。

しかしカトリック教会でもルネサンスの頃は子供のいる教皇もいたくらいで、建前が独身でも地方の教区では事実上女性と同棲している司祭も多かった。独身ということが社会的に不可能に近いアフリカの村などでは今でも妻帯司祭が少なくない。社会主義の時代にヴァティカンとの関係を断たれて潜行し妻帯した東欧の司祭たちや、女性司祭の誕生に不満を持ってイギリス国教会を離れた妻帯司祭たちをカトリック教会が受け入れているという実態もあり、一〇万人の妻帯司祭が存在すると言われている。

独身の司祭が信者と恋愛して結婚するというケースももちろんあり、そのような妻帯司祭の互助システムもあれば国際大会もあるほどなので、妻帯司祭がみな隠れたり聖職を離れたりするわけでもない。問題は結婚ではなく性的スキャンダルがある場合で、近ごろではアメリカでカトリックの神父による児童の性的虐待スキャンダルが持ち上がっていて、そのたびにカトリックの独身制そのものも問題にされている。じつはカトリックだけでなく、プロテスタントにおいても宗教的な教育サークルではこの種のスキャンダルが絶えないので、それは独身制のせいではなくアメリカ型の社会の病理なのだろうが、カトリックだとさらに後ろ指をさされる心理構造がある。

一九九五年にはスイスの司祭が父親になって退職したのをきっかけに、独身制の廃止と女性司祭の許可を求めて七万人のカトリック信者が署名運動をした。ヨーロッパでは聖職の志願者が激減しているので、独身制を廃止すれば召命が増えると期待する向きもあり、アルザスの司祭グループは既婚者の叙階を求める嘆願書を出した。一九九〇年にはブラジルの枢機卿が妻帯者を二名（一人は六八歳で病床の妻と同居中）叙階したし、妻帯して職を離れた司祭が離婚（結婚も離婚も教会でなく市役所レベルのみ）した後で職場復帰を勧められることもある。

そのうち独身が選択制になる日が来るかもしれないが、カトリックがその力の多くを独身聖職者に負ってきたことも事実だ。カトリック系のミッション・スクールのレベルが高いことが多かったり、人道組織がよく機能したりしているのは、独身で身軽に世界中を移動できる神父や修道士やシスターたちがいるからだ。妻子への責任や家庭生活に煩わされないで研究や活動に集中できる効率性も大きい（あるいは仕事に集中しても妻子に迷惑をかけないですむとも言いかえられる）。一日の大半を人々の間で人々のために働いていると、仕事以外の時間には神と向き合う孤独が必要だという神父もたくさんいる。

しかし文学などで妻帯司祭がテーマにされると、背徳のイメージがつきまとうのは事実だ。女性はとかく宗教者や修行者を誘惑して堕落させる悪魔のように表現されることが多いからだ。ところが、女性司祭を認めないカトリックや東方教会の神学では、聖母に代表される女性の重要性がむしろ大きくなっている。肉体的な性の禁忌が強いほど性的イメージをともなう神秘主義が花開いて、女性宗教の観を呈することすらあるのだ。といっても「現実の女性」に対する見方は厳しく、五世紀の聖アウグスティヌスに始まって、一三世紀ドイツのドミニコ会士であった聖大アルベルトゥスや今もカトリック神学の基礎とされる聖トマス・アクィナスに至るまで、「女性は男性よりもモラルに欠ける」「女性はできそこないの男性だ、女性は男性よりも不備で不完全で（……）人は女性から毒蛇か悪魔のように身を守らなくてはいけない」などと書いている。

それに対して、プロテスタントでは、結婚できるようになった牧師は良き夫の代表でなくてはならず、女性は「良き妻」という理想像を与えられて、女性の現実的、社会的地位の向上が始まった。けれども神学の中から聖母信仰が消えたように、「女神」や「神の愛人」のイメージが姿を消して、女嫌いではなく女不在の「男性の神学」ができてしまった。

カトリックでも東方典礼カトリック教会や、一八七〇年の第一ヴァティカン公会議で「教皇の無謬性」（ローマ法王は教義に関して公会議の承認を受けずに宣言することができる）

に反対してローマ教会と袂を分かった復古カトリック教会などでは、妻帯司祭や女性司祭が存在する。オーストリアのローマ・カトリックの女性が司祭になる召命を感じて復古カトリックに改宗して叙階される例が、一九九八年に登場した。

しかし独身の誓いを立てるカトリックの修道会にもいろいろ歴史があって、アイルランドやアングロサクソンの国には男女共存の修道院の例があり、一二世紀初めのフランスのフォントヴローの修道院では、ある未亡人が女子修道院と男子修道院をまとめる総院長に就任して以来、一八世紀の大革命まで女性のトップが伝統になっていた。女性に服従することも男性修道士の修行の一つだと説明されることもあったが、それを嫌って逃げ出した修道士も少なからずいたらしい。

一九九〇年代から脳と遺伝子をめぐる性科学の研究が進んで、男と女には明確な区別があるのではなく連続しているということが分かり始めた現在は、ジェンダーの概念そのものが変化していくことだろう（二一四頁の「アダムとイヴとイエス」の項参照）。独身も、天使のように性を超越する一つの選択であり得るかもしれない。男も女も民族も人種も老若も、障害のあるなしも、みな連続した全体のヴァリエーションだと認識する時が来れば、「神の平和」はもうすぐそこかもしれない。

9　どのような宗派とどのように関わるか

まず、キリスト教の大きな流れはギリシャ正教とカトリックとプロテスタントの三つだと把握していればいいだろう。ギリシャ正教が東方系、カトリックとプロテスタントは西方系と覚えてもいい。歴史的には正教とカトリックがほぼ同時期に成立し、プロテスタントはカトリックの改革派として一六世紀以降分派したと覚えておこう。

キリスト教的な視点で述べると、まずセム語族（一八世紀の言語学の分け方。アラビア語もヘブライ語もセム語に分類される）のパレスティナに一神教のユダヤ教を奉じるユダヤ民族が成立した。その子孫の分家がアラブ民族になって七世紀にイスラム教が生まれる。

このパレスティナのユダヤ人から一世紀にキリスト教が生まれた。そのキリスト教はヘレニズム（ギリシャ語文化主義）化していく。地中海沿岸にいくつかの主教座ができるが、そのうち西方にあるローマ主教座がラテン（ラテン語文化主義）化していき、もっと北にいたケルト人やゲルマン人を統合して今のヨーロッパの基礎を築いた。ラテン化せずに東方でヘレニズムのまま残ったのがギリシャ正教だ。このヘレニズム的東方教会が伝わったのが、東欧の一部やロシアのキリスト教である。

ラテン化したローマ教会の方は、ローマ司教（法王、教皇）が首長となり、一つのまとまりをつくる。東方教会の方は、大体国単位で総主教が首長になっていて独立している。だからロシアはロシア正教会、ルーマニアはルーマニア正教会などと分かれているのだ。スラブ系の正教はヘレニズムを離れて独自の典礼語を編み出した。セルビア、シリア、ウクライナなどにも主教座があり、エジプトの正教会はコプト教会と呼ばれる。東方諸教会は初めは特にローマ教会と別物だという意識はなく対等な総主教座という立場だったが、各地の総主教座が独立したままだったのでまとまりはなかった。

一〇五四年には東方教会の中心コンスタンティノープル教会が「聖霊が父と子より発出する」という西方の教義を拒否したことでギリシャ正教とローマ・カトリックは分裂し、互いに破門しあった。この二つは一九六四年になってようやく破門を解き合い、二〇〇一年にはローマ法王がアテネを訪れてカトリックが東方教会に対して犯した歴史上の罪について正式に謝罪さえしている。

初期教会の時代に異端とされて分派したキリスト教諸派もあったが、その多くは後で成立したイスラム教にとりかこまれて改宗した。正統であった東方教会も、イスラム教のテリトリーになった地中海沿岸地域では勢力を弱めていった。これに対して、イスラム教に地中海を制覇されたせいでヨーロッパ内部に向けて発展していったローマ教会のラテン文化圏は、少しずつ力を蓄えた。そして後に産業革命を経て非キリスト教、非一神教の世界に進出して西洋優越の現代世界を作るまでに至ったというわけだ。

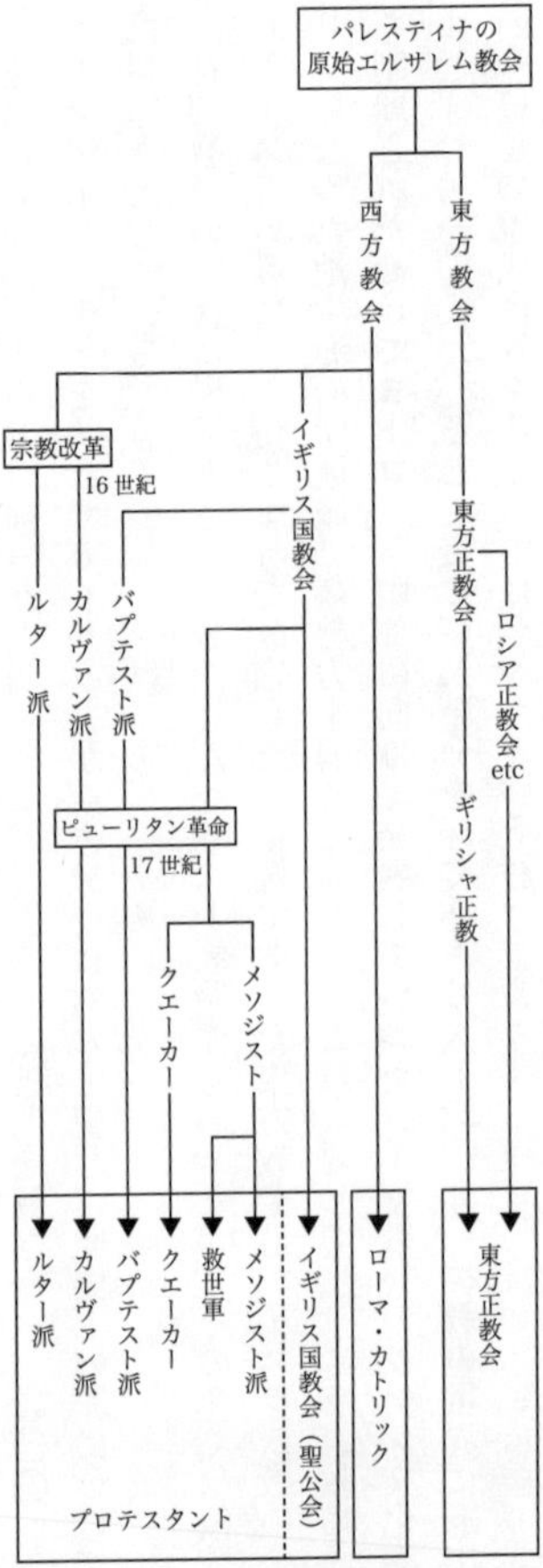

キリスト教の３つの流れ　主要なもののみピックアップした

このラテン文化圏内部で起こった分裂が一六世紀の宗教改革だ。

分裂したのはプロテスタントと呼ばれる諸派だが、いくつかのタイプがある。単にローマ法王の支配を離れて国王がキリスト教の長におさまったイギリス国教会（聖公会）、教会内部の改革を唱えたらローマ法王から破門されてしまったので分派したルター派、最初からローマ法王と袂を分かって分派した、より厳格で過激なカルヴァン派などである。ラテン文化から離れてそれぞれの国の俗語が典礼に使われ始めた。イギリス国教会内部でカルヴァン神学をもとに改革を唱えたのはピューリタンだ。ピューリタンを中心に移民や植民した先のアメリカ大陸もキリスト教国になった。その後、プロテスタントには無数の分派が派生して、別系統も出現したが、その主流はルター系、カルヴァン系、ピューリタン系、イギリス国教会である。

アメリカで教派として一番多いのはアイルランド系、ヒスパニック系が奉じるローマ・カトリック（二〇〇一年の統計で六二四〇万人）で、次がカルヴァン系だが民衆志向で大衆的な南部バプテスト派（一五九〇万人）で、ジョージ・ウォーカー・ブッシュ元大統領が属するイギリス国教会系の合同メソジスト（八四〇万人）がつづく。カルヴァン派でもエリート志向の長老派（三六〇万人）は上中流階級に多い。ローマからの指揮系統がはっきりしているローマ・カトリックと違って、プロテスタント同士は流動性があるので、出世するにつれて社会階層に合った教派へとはしごする人もいる。

日本人から見ると、科学技術と市場経済の頂点に立つアメリカが、今でもこれほど宗教的なことが意外に思えるかもしれない。理由としては、プロテスタント移民による建国というアイデンティティが必要なこともあるが、政治や経済の有力者にとってキリスト教が「人間らしさ」をよそおえる有効手段でありつづけるので、完全に流行遅れになることがないということらしい。

キリスト教系の新宗教やカルト宗教もたくさんあるので注意しよう。キリスト教系のカルト宗教が保育園などを経営していることもあるが、親がチェックできないところでの思考操作は後にも影響を及ぼす可能性が大きいので事前によく調べよう。日本人がキリスト教に興味を持って近づく場合は、ラテン系のカトリック、ヘレニズム系またはスラブ系の正教、ルター系、カルヴァン系、イギリス国教会系などの「大手」ならしつこく勧誘されたり離れることができなくなったりはしないからまず大丈夫だ。

キリスト教系新宗教にはアメリカなどから輸入されたものもあれば日本人が突然イエスから啓示を受けたと言って独自の「キリスト教」を作っているものもある。「洗礼を受けないと地獄に堕ちる」などと言っておどすものや、厳しい戒律や修行を要求するような宗派にはくれぐれも注意しなくてはならない。逆に、親切に悩みを聞いてくれて、疑似《ぎじ》家族のような依存関係を打ち立てた後で勉強会への強制参加などの形で私生活を侵食するタイプのものも存在することも知っておこう。

東方正教会やローマ・カトリックは、古い分だけ伝統が豊かで視野も広くいろいろな要素が混ざっているので、プロテスタント系よりは内容が変化に富む。ヨーロッパの歴史や美術や音楽などを理解するにはより古くからあるカトリックの知識が必須だ。教会に付属している売店やキリスト教書店などに出かけるといろいろな本があるし、教会音楽などのCDもあるだろう。カトリック系のお店なら、聖人信仰や聖母マリア関係のグッズも充実していてエキゾティックな気分を味わえる。

あなたの大学や出身校がミッション系スクールなら、図書室にもキリスト教関係の本がたくさんあるだろうし、いろいろな質問に喜んでこたえてくれる人も仕組みもあるにちがいない。

仕事や勉強でキリスト教国に滞在するチャンスがある人は、その国のマジョリティである宗派の教会に顔を出して、いろいろな組織にオブザーバーとして出席すればいろいろなことを覚えられる。なかなか接触できないその国の「普通の人」たちと親しくできて生きた言葉を学べる。

何も知らない日本人が突然外国の伝統社会に入っていくのはうさんくさく思われるのではないかと心配かもしれないが、マジョリティである宗派ならかえって絆が緩やかで鷹揚《おうよう》だし、金がかかることもない。マイノリティであり家族的に団結しているタイプが多い日本国内のキリスト教会に行くよりもよほど気が楽である。

外国人が興味を持って来てくれるということで、みんなから親切にしてもらえる可能性が大きい。国際的な首都ではなく地方に滞在するならなおさらだ。たとえばラテン系カトリック国の田舎なら住民がみなカトリックの氏子みたいなもので、よそから来た大人を成人洗礼に向けて指導するという伝統も発想もないから、改宗のプレッシャーなしに彼らの行事に密着しつつ社交クラブに参加させてもらえる可能性もある。うまくいかなくて離れても、大手の宗教なら追いかけられる心配や嫌がらせをされる心配も少ない。もちろんよその文化に参加させてもらうからには、挑発的な言動をとらずに謙虚に学ぶ姿勢や、人々の役に立てるようボランティア活動の一つにでも加わるくらいの意欲と善意が必要である。

ホームステイ先の子供の日曜学校などのクラスの催しや遠足などに、「キリスト教に興味があって子供が好きだから」と言ってボランティアとして手伝わせてもらうチャンスがあれば、多くの子供たちとも知り合えて得難い経験になる。

子供たちには偏見も少ないし、子供を対象にした話やテキストは分かりやすいので、コンプレックスなく勉強できる。語学の勉強と伝統文化の勉強とが両方できて一挙両得だ。絵や音楽やスポーツなどの特技がある人なら子供たちの人気者にもなれる。どこの国でも信徒の組織を実際に運営しているのはおかあさんたちや年配の人たちがほとんどだから、彼らの心をつかむ努力をしていると人間的にも成長できるかもしれない。

その他、どこの国でも、物質主義がグローバル化しようとしている今のような時代にあえてキリスト教の信仰を守って愛を説く人たちというのは、善意で他人のために尽くしてくれる人である確率が高い。たとえば世界中にNGO（非政府組織）はたくさんあるが、各国間の政治や経済力の争いとまったく無縁でいられる中立的な機関はとても少ない。国連でさえ大国の利益を無視して決議することができないし、赤十字でさえ救援資金や物資が目的地まで届く保証はなく、途中で蒸発したり被援助国の政府のお蔵入りしたりする場合すらある。

ところが、カトリック系のNGOはそのネットワークを生かして物資を末端まで届けるし、超政治的に動いている。純粋な人道組織になっていて護教や宣教を直接の目的としていない。国際的なものから近隣の路上生活者への援助までいろいろなものがあるが、そういう組織にボランティアとして参加してみることで、行動理念としてのキリスト教とは何かを探ってみるのもいい。

しかし、聖職者として宗教活動に専念する人生をおくる人は別として、普通の人にとっての宗教とは、聖典や教義や理念の問題ではなくて、名前のある生身の信者を通して現れ理解されるものだろう。尊敬できる人格者、魅力的なヒーロー、慈愛に満ちた指導者に出会った人には、その人格者、ヒーロー、指導者の宗教こそがすぐれた宗教になる。逆に、ある宗教がどんなすばらしい聖典や理想を掲げていても、その「信者」が、他人を傷つけたり貶《おとし》めたりする生き方をしているのでは、その宗教には何の説得力もなくなる。その意味で宗教さがしとは人間さがしでもあるのだ。

あなたがたとえ好奇心や教養のためにだけ宗教に近づくとしても、自分がその宗教にどういうスタンスをとっているのかを時々自問して距離を測ること、宗教なら本来備えているはずの「利他」という健全な価値観を見失わないことなどを忘れないようにしてほしい。

10　カトリックはフォークロアか　その1
——幼きイエスのテレジアの起こしたフィーバー

ヨーロッパのカトリックの聖人信仰やその祭礼を見た人には、カトリックとは多神教的なフォークロア（民間伝承）なのではないかという印象を受ける人がいる。理論的には、ローマ帝国時代から各地に広がっていた多神教の聖地や、先住民族のケルト人や移住民族のゲルマン人の多神教が混在していた土地がキリスト教という理念でまとめあげられていった過程で、古い信仰をキリスト教化していったと説明される。各種の効験を持った神が、さまざまな聖人に置き換えられていったというのだ。初期のキリスト教には多くの殉教者が出たから、十字軍が東方から持ち帰ったその遺骨などの聖遺物を崇拝する呪術的信仰の材料にも事欠かなかったというわけだ。

その後、一六世紀以来聖人信仰などを否定し捨ててしまったプロテスタントの誕生を経て、近代ヨーロッパが脱宗教化したこと、植民地政策によって非キリスト教世界を発見してその観察が行われたことなどの影響で、キリスト教民間信仰の古層にある異教のフォークロアを探ろうという研究がたくさん行われた。キリスト教の教会そのものも、異教の神々の神殿や礼拝所の跡に建てられたことが分かったのだ。

しかし、民間信仰の祭礼や儀式を見ていると、異教をキリスト教化したというより、ほぼ異教のままに名称だけ変えて継承したようなものの方がたくさんある。それどころか、近代化したとか脱宗教化したと言っているわりには今もヨーロッパの各地で素朴な祭礼の心性が生きていることには驚かされる。

一九世紀の末に二四歳でフランスのノルマンディで死んだカルメル会の聖女「幼きイエス

テレジアの遺骨櫃に触れる人々

のテレジア（テレーズ）」の聖遺骨を入れた櫃が一大巡礼地であるリジューを出て世界中を回った時はあちらこちらで大フィーバーが巻き起こった。二〇〇一年の復活祭から二ヵ月あまり聖遺骨を迎えることができたアイルランドでは、じつに国民の六〇パーセントが聖遺骨を拝みにやってきたと言われている。どの教会も何週間もかけて聖遺骨をのせた車テレジア・モビルの歓迎準備をした。店という店のショーウインドウや個人の家の窓までが、幼きイエスのテレジアの写真やバラの花（テレジアのシンボル）で飾られた町もあった。
ボーイスカウトや楽隊、合唱団が集まり、少女たちは踊り、バラの花びらが舞った。人々はカテドラルや教会の祭壇に置かれたテレジアの遺骨櫃を一目見たり触ったりするために何時間も列を作ったが、病人や老人は優先的に通された。遺骨櫃を迎えてミサが行われたサッカー・スタジアムはいっぱいになった。夜は大ろうそくの行列となり、深夜もミサや祈りがつづいた。口蹄疫《こうていえき》にかかった家畜を燃やしたことで打撃を受けた地方には予定外の回り道がされて、人々は感涙にむせんだ。どの町にも二、三日以上留まることはなかったのに二日で一〇万人を上回る巡礼者がやってきた場所もある。記念のメダルやロザリオや本はどこでもとぶように売れた。最後の日に遺骨櫃がヘリコプター

幼きイエスのテレジア

で去った時は大人も子供も配られたテレジアの旗を激しく振った。

ヨーロッパにおけるキリスト教布教の先進国であり今もカトリックがマジョリティであるアイルランドだとはいえ、ローマ法王がやってきたわけでもないし守護聖人パトリックの遺骨の公開でもない。テレジアはこれという変わったこともせずに一五歳で女子カルメル会の修道院に入って、そこから一歩も出ぬままに二四歳で結核のために世を去った、いわば「普通の女の子」である。二一世紀の世の中でなぜこのような大フィーバーを巻き起こすのだろうか。

テレジアは、じつはその自伝である『ある霊魂の物語』が死後にベストセラーとなり一世を風靡《ふうび》して聖女の列に加えられた、近代カトリックのスター的存在である。あまつさえその独自の「小さな神学」によって「教会博士」の称号を授かっている。神秘の伝説に彩られた出自の定かでないような民間信仰の聖女（キリスト教初期の処女殉教者が多い）たちと違って、超能力を発揮したり奇跡譚を残したりはしなかったし、中世の女性神秘家のようにトランス状態で不思議な現象を見せたりもしなかった。頭脳明晰で信仰篤く、謙遜で柔順、まさに近代のキリスト教信者の手本となるべきマスコット・ガールだったのだ。

ところがテレジアは、死んだ後で奇跡を世界中で巻き起こして一躍アイドルになってしま

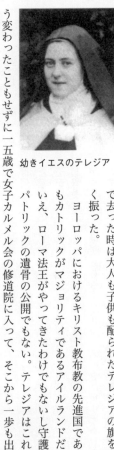

った。カトリックの聖人は死後に人々の祈りを神にとりつぐことによって神の恩寵を仲介することになっている。祈りによって突然もたらされた難病の治癒のように、科学では説明できない奇跡の記録が聖人やその前段階の福者を認定する条件の一つであるほどだ。それを知っていたテレジアは死ぬ前から、自分の使命は死後に人々のために尽くすことだと思っていた。果たして、人々はテレジアに祈り、「薔薇《ばら》の雨」と称される奇跡の治癒の数々が報告されたのだ。

だとすると人々の心性は、病の治癒祈願に聖人の遺骨を拝んでまわった中世の民衆とあまり変わらないことになる。二一世紀にその遺骨をわざわざ持って巡回するというのも中世的だし、人々がそれを迎えて熱狂するのも驚きだが、結局、祭りのカタルシスや癒しを宗教に求める人々の心は、今も昔もそう変わらないのだろう。

だからこそ、それを利用したカルト宗教も成立するのだろうし、麻薬もあれば商業主義的なスペクタクルも、戦争というカタルシス装置すらあるのだ。それを思うと、昔から変わらぬフォークロリックな道具立てで、一〇〇〇年以上もつづいているおおらかな老舗《しにせ》宗教の枠内で熱狂でき感激できるというのは、ひょっとしてとても恵まれた状況なのではないだろうか。ヨーロッパのカトリック国が、なんだか少しうらやましい。

11　カトリックはフォークロアか　その2
――ブルターニュのケルトの祭

フランスのブルターニュ地方にあるロクロナン（フィニステール県）では、六年ごとの七月にロクロナンのパルドン（免罪：ここでは聖地詣での意味）と呼ばれるグランド・トロメニー祭がある（前回は二〇一九年だった）。五万人の人が家に伝わる衣装をきて幟《のぼり》を掲げて、聖ロナン教会を出発して一二キロの道程を行進するのだ。一〇〇〇年もつづいている祭で、村人たちはその伝統を厳格に守っている。七世紀にこの地方にキリストの福音を伝えたロナンというアイルランドの隠者の歩いた道を記念するというのが名目で、幟にも聖人の絵が豪華に刺繍されている。

しかしこの祭は明らかに先住民族であるケルト人の祭であり、カトリック教会は飾り程度で、ただ見守っているに過ぎない。ケルトの司祭であるドルイドも祭に参加している。六年に一度というのもケルトの一二進法から来ている。これを少しでもキリスト教化しようとして、カトリック教会は七年（七日ごとに主日を設けるキリスト教の数）に一度の祭にするように長らく指導してきたが変えさせることはできなかった。

実際ロクロナンのパルドンは、いかにもケルトらしい自然と豊饒・多産に結びついた水の神の祭の様相を呈している。ブルターニュでは今もメンヒルの石柱に腰掛けて多産を願う女性が多い。それは決して福音書と矛盾しないとブルターニュ人は信じている。聖ロナンの伝説もそれに対応している。聖ロナンが死んだ後、ブルターニュ公や貴族たちは跡継ぎの誕生を聖遺骨に祈願した。それがうまく聞き入れられたからこそ、そのお礼参りとしてのロクロナンの巡礼が祭になったらしい。

ロクロナンのパルドン

それでも一週間つづく祭の期間中、カンペールの司教が聖ロナン教会で行う大ミサには、ふだん教会に足を踏み入れない人までやってくるのだから、カトリック教会は神への信仰を示すよい機会だと満足している。

全ヨーロッパがカトリックによってキリスト教化したと言われているが、民衆の祭のレベルでは実際は平然とダブル・スタンダードがまかり通っている。生きている人が棺に入って運んでもらうという、いかにも死と再生の異教的儀礼を残している祭を司祭がやめさせようと必死になっている地方もあるくらいだ。実際、カトリック教会の聖人信仰があまりにもキリスト教の本質から離れた迷信的なものだということが、一六世紀のプロテスタント改革の一因となった。逆に、ブルターニュのようにフォークロリックな民間信仰がカトリック化して共存していた地方はキリスト教内部の大変動の波をかわしてしまったという面がある。

ラテン的ヨーロッパが移植された中南米でも、キリスト教の強制的な布教だけではなく、先住民とアフリカから連れてこられた民族の宗教とカトリックがなかば習合する形で展開したものもたくさんある。しかし近代以降、宗教離れをつづけてフォークロアから脱皮していくかに思われたヨーロッパで、今でもキリスト教が民衆の「祭」への欲求を軽やかに満足させる知恵と経験を生かしつづけるセンスには思いがけないものがある。

フランスの首都パリでも、教会がらみのフォークロアがたまに見られる。第二ヴァティカン公会議などで近代化を進めたローマ・カトリックに縛られない宗派であるガリア・カトリック教会などは、時々ユニークなパフォーマンスを見せてくれる。一五区のサント・リタ教会では犬や猫などのペット同伴のミサもあり、動物たちも神の被造物だから司祭に祝別してもらえるのだ。教会の外で待っていたヤギなどが神妙な顔で祝福の言葉を受けているのを見るのは微笑ましい。

国際社会でのオピニオン・リーダーとして再出発しつつあるカトリック中枢部と、「神頼み」を求める人々の素朴な信仰に応えつづけるローカル教会の数々が、同じ「キリスト教」として共存しているのだ。西欧文化を本当に理解するためには、合理主義と農本主義の二本立てという機微を実感する必要があるかもしれない。

12　信仰としてのキリスト教

キリスト教の成り立ちや歴史という知識をひととおり得れば、キリスト教文化を理解するベースとなる教養が身につくだろうし、キリスト教的な発想というものも分かってくるだろう。しかしキリスト教の文化や歴史を創ってきた人々をつき動かしていたのは単なる知識や教養ではなく、やはり「信仰」であった。「信仰としてのキリスト教」について考えることが、キリスト教世界に分け入るほんとうの鍵なのだ。

もともと今の日本人にとっては「信仰」という言葉自体が縁遠い。あるミッション系短期大学における宗教意識の調査では「宗教というものはその人の気持ち次第で入っても入らなくてもよいものである」というのに賛成した学生が七六パーセントを超えたので、担当のシスターを驚かせた。彼女にとって信仰は気持ち次第というものではなかったからだ。学生たちにとっては、この問いの意味は「ある宗教共同体に所属するかどうかは個人の自由意志の問題だ」程度の感覚だったのだろうが、シスターにとっては、自分を生かしてくれている存在の根とも言うべき、神とのほとんど実存的な関係が宗教となるのである。神に向けるこういうスタンスはキリスト教において特に際立っているので、日本人にはなおさら理解しにくい。

キリスト教が二〇〇〇年前に生きたナザレのイエスという男を救世主（メシア＝キリスト）とし、しかもそのイエスを神の自己表現の一つだと位置づけたこと、またキリスト教が成立した時代の終末思想を反映したためにイエスの死によってすべての人類は「すでに」救われたとしたことの二点は、後につづく人の信仰を分かりにくいものにした。

たとえば仏教の、この世の苦は執着心から来るとして、執着心を捨て輪廻《りんね》からの解脱を衆《しゅ》生《じょう》に勧めて精進させるというおしえは分かりやすい。ユダヤ教やイスラム教も、顔のない唯一神をたてて、その神から与えられた戒律や律法を中心に生活を律していくことを求めるというのは一応分かりやすい。ムハンマドは預言者でありイスラム共同体統合のシンボルではあるがメシアではない（それどころかコーラン《三・四五》の中に救い主として出てくるのはイエスなのだ。ただしイエスは神や神の子ではない。アッラーは子も親もない《一一二・三》とされている）。

ところがキリスト教は「汝の隣人を愛せよ」とか「敵をも愛せよ」というような「愛」を行動規範として打ち出しているものの、信仰告白の根本のところは「イエスが二〇〇〇年前のパレスティナで人類の罪を贖って死んで復活した」という、いわばローカルな奇跡譚である。時代も場所も離れたところにいる人がそんな途方もないことを信仰の核にするのはたやすくない。実際、たとえば日本にキリスト教が入ってきた時、フォークロリックな聖人信仰などがあって多神教の風土にもなじみやすいカトリックは比較的分かりやすかったが、「聖書研究会」風のアプローチをした人々にとっては「なぜ、自分の知らないところで知らないうちに死んで復活した人が自分と関係があるのか」という点が最大の疑問として立ちはだかった。

釈迦が修行して悟ったことや、ムハンマドがメッカで啓示を受けたことなどは、宗教の成り立ちの部分だから、後の信者に直接関わるわけではないので「話として聞いておく」ことができる。しかしキリスト教はイエスがすべての人の罪を生まれる前からでも救ってくれていると言い、それを信仰の要にしているので、そこを納得できないと悩むことになる。

ヨーロッパで代々キリスト教徒だったという人ですら、近代以後には大人になってあらためて考えると、その命題の途方もなさに気がついてしまって信仰から離れるなどということがざらにあった。だから日本で大人になってから聖書研究などをする人が、イエスと自分の関係を理解できないのは当然だった。

キリスト教が「原罪」だとか「罪」という考えを押しつけてくるのが嫌だという人もいるが、たいていの人間は多少後ろ暗いことをかかえているものだから、罪の観念そのものは理解できないものではない。仏教でも「煩悩」を戒めているし、「今の不幸は過去の罪に対する罰」風の因果応報の考え方はどこにでも存在する。問題は特殊な死に方をした一人の人間が、どうして自分の罪を贖ってくれたことになるのかということだ。

これをクリアして真の信仰に入るには、だから理屈ではなくてまさに宗教体験としての劇的な回心がともなうことがある。「世界の多様性」を前にして信仰を失っていた若いクローデルが、ある年のノートルダム聖堂のクリスマス・ミサの間に突然恩寵を得て信仰を取り戻した有名な話のように、ある人にとってある時突然に「分かる」ものらしい。

日本のプロテスタント信者西村久蔵（一八九八〜一九五三）は、ある夜、十字架上のイエスの痛々しい姿を心の目に見た。「そのとき私はこの神の子を十字架につけて殺したものは人類の罪であり、その罪の裁きを贖う為に、罪なきイエスが苦しみ、捨てられ死に給うたという何度か聞いた話が急転しまして、私即《すなわ》ちこの西村という汚い罪人の犯せる罪や心がイエスを殺したのだ、下手人は私であるという殺人者の実感、しかも、我が救い主、我が恩人、我が父を殺した恐ろしい罪を我が内に感じて、戦慄いたしました」という体験を経て洗礼を受けた。

少年時代から非行を重ねて、傷害や盗みで何度も前科を持つフランス人のアンドレは、刑務所で神父の差し入れた聖書やロザリオに見向きもしなかった。ある日、偶然聖書を開き、神がいるなら会いたいものだ、今夜一二時にここに来てくれたら信じるのだが、とひとりごちた。その夜一二時、独房に薔薇の香りがたちこめ、名を呼ぶ声がして、窓の向こうに血を流したキリストが立っていた。キリストは両手の傷を見せて「これはお前のために流したのだ」と言い、脇の腹を見せて、「これもお前のために流したのだ」と言った。アンドレは改心し、模範囚となり、出獄した後も囚人たちにこの神秘体験を講演してまわっている。

もちろん神秘体験や突然の悟りは他の宗教にもあるし、ある特定の人間を拝んだり帰依したりするという宗教も多い。たとえば浄土真宗で阿弥陀如来の脇に親鸞と蓮如の像を並べたりするように、人は教義だけでなく具体的な言動の記録があるリーダーを崇めることで信仰心を固めやすいのだろう。信者が教祖を生き神のように崇めて結束している新宗教もある。その中でキリスト教が特殊なのは、ローマ帝国時代の恥辱刑で死んだ人間と個々の信者が直接結ばれているという極端なシェーマ（図式）を受け入れねばならないからで、そこには一種「魂のアクロバット」のようなプロセスがある（もっともこれは主として西方系キリスト教の場合で、東方系キリスト教では復活と栄光のキリストのイメージが表に出てくるのでより自然な形になっている）。

だから、「自分のために血を流してくれている神」という強烈なイコンをかかえたキリスト教の強い信仰を持った人というのは、他の宗教者と神や教祖との関係よりももっと個人的で親密な関係をイエス・キリストとの間に紡いでいる場合が多いような気がする。「自分が神を殺したのだ」という罪の意識に立っているからこだわりが大きく、自分もイエスのように生きようと決意する時、他の宗教の人が戒律を守ろうとか教祖を模範にしようとかいう場合よりも大きな感情の動きをともなうようだ。

このことを分かりやすく表現してみよう。たとえば、イスラム教の聖人Aと仏教の聖人B

とキリスト教の聖人Cがいるとする。聖人とはここでは、人類のために尽くしたとか、だれの目にも普遍的な偉い人とかいう意味だ。それぞれの善行や偉業の基礎にはもちろんそれぞれの宗教の信念やモラルがあるのだろうが、AやBの場合そのような人格者はたとえ別の宗教の伝統に生まれても同じような偉業を果たしたかもしれない。しかしキリスト教のCの偉業には、原体験としての十字架が色濃く影を落としていて、まるで恋人のように「イエスのために、イエスのように」というモチヴェーションがあるような印象を持つ。

もちろんケース・バイ・ケースで、人と信仰のスタンスは時代によっても異なるだろうが、一般的にキリスト教の信仰者の言葉や行いの背後には「イエスという男」への思い入れが強く感じられる。信仰者がそれぞれイエスとの物語を持っているのだ。人をこのように動かす神を持った宗教というもののおもしろさに感慨をおぼえるほどだ。

他の宗教の信仰者の特異な行動を見たりすると、彼らをそういう行動に駆り立てる教義や規範とはどういうものなのだろうかと知りたくなるが、キリスト教の信仰者の生き方を見ていると、彼らに寄り添うイエスとはいったいどんな男なのだろうかと知りたくなることがあるのだ。そうすると、キリストはそういう信仰者の向こうに必然的に現れてくることになる。だとしたらキリスト教の信仰者の、神に対する責任は重大だ。

神の前で罪を犯す場合も、キリスト教は情緒的により深刻だと言える。他の宗教の人ならたとえ殺人などを犯して戒律を破っても、自分が罰せられて地獄へ堕とされるだけですむが、キリスト教徒が人を殺せば、その人は、「自分のために死んでくれた神イエス」の十字架に自ら新たな釘を打ちつけることになるからだ。

インドで捨てられた赤ん坊や死にいく人を助けつづけて世界中から尊敬されたマザー・テレサ（一九一〇～一九九七）はカトリックだったが、死にいくヒンズー教徒に改宗をせまったりしなかった。イエス・キリストの福音を伝えるという宣教や布教の姿勢は表に出さず、ひたすら弱い者・貧しい者に寄り添う愛の奉仕をつづけたことはよく知られている。

マザー・テレサ

しかしその彼女に力を与えていたのは十字架のイエスだった。「イエスはあなたの子供や配偶者や隣人の内にいて、慰めてくれる人を探している」とマザー・テレサは言う。イエスが十字架上で死んだのは私たちの利己心を救うためだった、私たちもイエスが私たち一人一人を愛したように喜んですべてを差し出さなければならない、私たちも痛みを感じるまで互いに与え合う必要がある、とマザー・テレサは言った。

「イエスは私たちに命を与えるためにご自分の体で私たちを養うのです」「見えない神を愛することができるように神はご自分を飢えている者、裸の者、家のない者とされました」「貧しい人々のための働きは、イエスの隠れた存在を身近なものにし、触れることができるようにしてくれるのです」と言うマザー・テレサは、貧しい人々の内に生きているイエスの心の渇きを癒すことを修道会の目的にしたのだ。人々に慈善を施す徳の高い宗教者という図式ではなく、愛に駆られている様子がよく分かる。彼女はまたイエスのことを「要求の多い夫」だとも言っている。独身の誓いをたてる修道者や聖職者が「イエスの花嫁」と位置づけられた伝統も存在するのだ。

聖書の表現に、「木の善し悪しを果実で判断する」というものがあるが、信仰者とイエスのラブ・ストーリーという実を見て我々はイエスという木の存在を知ることができる。実際、イエスと信仰者の物語には濃密で過激なものも多い。キリスト教の典礼自体も、イエスの血と肉をワインと聖体パンという形で分け合うことで呪術的心性を刺激する演出を含んでいる。十字架のイエスの姿を強調するローマ・カトリックの世界では、トランス状態に入った信仰者がイエスと同じように手足や脇腹から血を流す聖痕という、これも類推魔術的現象がよく知られている。

キリスト教の宣教師というと欧米の帝国主義的進出と軌を一にして文化侵略をしてきた人間だと思っている人もいるだろうが、宣教師になって遠くに行こうと決心した人々の多くは、マザー・テレサのような愛と情熱を持っていたのだろう。もちろん権力としてのキリスト教、政治としてのキリスト教も常に存在していたが、「信仰は山をも動かす」という表現どおりの信仰としてのキリスト教のパワーを見逃してはならない。

二〇〇〇年前のユダヤ人のメシア信仰に始まったキリスト教はローマ帝国に広がっていき、ケルト人やゲルマン族と共にヨーロッパを作り上げ、現代世界の覇者となった西洋文明の代表的な宗教となり、今なお一〇億を超える信者を擁している。西洋文明のヘゲモニーのせいでえらくメジャーな宗教にも思えるが、じつは、現世利益を祈ったり怒れる神に供物を捧げて鎮めたり困った時の頼みを訴えたりするような普遍的にある分かりやすい宗教とはまったく異なって、独特な情緒的特色から力を汲みあげているのである。

知の道具箱

1 キリスト教の二〇〇〇年

東方教会（ビザンティン教会、後のロシア正教会など）と西方教会（ローマ教会）の動きを並行して眺め、流れをつかんでみよう。一般向けの世界史の本や、欧米の文学作品や思想書を読んだりする時に、もう一度この流れに戻って位置づけると、複眼的に見えてくるものが出てくることだろう。

一〜三世紀

パレスティナのエルサレムでユダヤ教の過越の祝いから五〇日目の五旬節に、イエスの弟子たちが聖霊からキリストの成した業を改めて知らされ、すべての国にそのことと福音を伝える活動を始めた。最初は小アジアやローマ帝国内に離散しているユダヤ人に宣教されたが、やがてパウロという伝道者を得て非ユダヤ人の世界にも広まる。迫害を受けながらもローマ、リヨン（ガリア）、カルタゴ（北アフリカ）、アレキサンドリア（エジプト）などの大都市を中心に広まり、二世紀半ばには使徒のクレド（信仰の基礎となる信経）が採用され、最初の異端であるグノーシス派と拮抗しながら神学が築かれていった。

四〜五世紀

三一三年コンスタンティヌス帝により公認。キリスト教は都市部を制覇して聖マルティヌスによりガリアに進出。三九二年にはローマ帝国の国教となり制度としての「教会」が確立し始める。ドナトゥス派、アリウス派など多くの異端を前に教義の明確化が必要とされ、教父と呼ばれる神学者が活躍、公会議（司教会議）が繰り返される。

ローマ司教大レオがキリスト教統一のシンボル＝首長として名乗りを上げたが（ローマ法王の始まり）、三三〇年以来「第二のローマ」になった新首都コンスタンティノープルにいる皇帝や司教は是認せず、東西教会のライバル関係が始まった。しかし東方教会は単性論者やネストリウス派の登場によって分裂していく。異民族の侵入がつづき、四七六年に西ローマ帝国が滅亡してからはキリスト教がローマ帝国文明を守る継承者としてのアイデンティティを確立した。

六〜七世紀

キリスト教は西欧に移住したゲルマン系民族への布教に成功した。最初はアリウス派（キリストの神性を否定）が主流だったが、フランク族を皮切りに、スペインのヴィジゴット、聖コルンバヌスによるアイルランドのゲルマン、カンタベリーの聖アウグスティヌスによるアングロ＝サクソン、最後にイタリアのロンバルドが、次々にローマ教会に帰依してヨーロッパの基礎となった。聖大グレゴリウス（在位五九〇〜六〇四）がすべての司教に対するローマ司教の首位権を確立した。

東方教会はキリストの属性をめぐってさらに神学論争が起こって分派したが、コンスタンティノープル司教が他の教会の指導的立場を獲得した。しかしコンスタンティノープル司教とビザンティン帝国（東ローマ帝国）の皇帝との聖俗の対立はつづいていく。ビザンティン帝国の版図は七世紀に生まれたイスラム教勢力によって大幅に削り取られることになる。

八〜九世紀

ローマをねらうロンバルド族に脅威を覚えたローマ教会は、イベリア半島を制覇したアラブ軍からヨーロッパを守ることで力をつけたカロリング王朝を支持し、同盟を結んで教皇領を獲得した。八〇〇年にはシャルルマーニュ（カルル大帝）がローマ法王レオ三世によって戴冠し、ドイツやスラブもキリスト教化して、ローマ教会を守る形の世俗ヨーロッパが誕生した。教会組織は聖ボニファティウスによって改革され、聖ベネディクトが修道会組織を改革した。

東方教会はさらに神学論争をつづける。聖像破壊（イコノクラスト）論争で一時分裂したが、ボヘミアやモラヴィアへ布教をつづける。彼らのもたらしたキリル文字はブルガリア、セルビアへの布教を容易にした。しかし地中海をはさんでの東西の教会の対立はますます激しさを増していく。

一〇〜一一世紀

西方では世俗の領主の権力が強くなり、教会はまずイタリアの封建領主に牛耳《ぎゅうじ》られ、ゲルマン系神聖ローマ帝国の成立（九六二）以後はドイツの封建領主の操り人形と化した。クリュニー修道会など少数の修道会のみがキリスト教の理想を保ちつづけ、教会はそこから力をくみ取ってグレゴリウス七世（在位一〇七三〜八五）による大改革が実を結んだ。ドイツの皇帝との権力争いを繰り返しつつ教会は世俗に対する優位を確立した。

東方ではマケドニア王朝（〜一〇五六）のもとに正教会が安定を取り戻した。小アジアのシリアをイスラム勢力から奪い返し、ブルガリアに宣教し、九八八年にはキエフ領主の洗礼によってロシアもキリスト教化した。しかし東西両教会が復権し安定した一一世紀には互いの権威を認め合うことが困難になり、言語や文化や典礼も離れてしまったので、一〇五四年の東西教会大分裂に至ったのが皮肉である。

一二〜一三世紀

西欧では封建国王とローマ教会の確執がつづく（一一七〇年、カンタベリー司教トマス・ベケットの暗殺など）。ヨーロッパをキリスト教でまとめるための三つの出来事が起こる。パレスティナの聖地への十字軍（一〇九五〜一二七〇）、イベリア半島をアラブ人から回復するレコンキスタ運動、巡礼ブーム（スペインのサンチアゴ・デ・コンポステラ）である。フランスでは敬虔《けいけん》な聖ルイ王が出て、ヨーロッパ中に広まるゴシックのカテドラル（司教聖座教会）建築が始まった。神学大学が栄え、アリストテレスの論理学と神学との統合が聖トマス・アクィナスによってなされ、キリスト教は知的にも西欧の牽引力になった。ドイツ騎士団が北欧を宣教し、フランシスコ会がインドと中国に初めて宣教師を派遣した。

東方教会はローマ教会による十字軍のために被害を受け、コンスタンティノープルは一二〇四年に陥落して短期間ラテン帝国（〜一二六一）にされてしまった。その後、ローマ教会は東西教会再統合を呼びかけたがもちろんまとまらなかった。

一四〜一五世紀

ルネサンスのユマニズムと科学の発展と、国々の教会離れの要求を前にして、西欧では宗教の力が弱まった。印刷術の発明によって信者は教会を通さなくても宗教テキストに触れることができることになった。ローマ教会自体もアヴィニヨンに法王庁を移したり（一三〇九〜一四一七）、ローマとアヴィニヨンとに大分裂（一三七八〜一四一七）したりという危機を迎える。しかし教会が危機を迎える時代の常で、『キリストのまねび』の著作やシエナの聖女カタリナに代表されるような敬虔な流れや神秘主義が生まれ、教会のデカダンス（退廃主義）に警告を発した。

ビザンティン帝国は力をつけたイタリア商人にシェアを奪われて経済的ダメージを受けた上、トルコの侵略に対してローマ教会の援助を求めるすべもなく、一四五三年にコンスタンティノープルがトルコの前に陥落した。トルコの支配下でもビザンティンの宗教は存続を許されたものの宣教は許されず、次第に衰退していった。それに代わって、カスピ海に至るまでロシアの覇権を握ったモスクワの大公がモスクワを第三のローマと称して、東方正教会の継承者として頭角を現してきた。

一六〜一七世紀

西欧ではドイツのアウグスティヌス会士マルティン・ルターに始まる宗教改革（一五一七〜）が起こる。フランス人ジャン・カルヴァンがこれにつづいた。このプロテスタント運動の成功を見たローマ教会も、トリエント公会議（一五四五〜六三）を開いてカトリック内部の改革を行った。イエズス会のような改革カトリックの戦士も現れて、アフリカや南米やアジアに精力的に宣教が行われた（日本とキリスト教との出会いはこの時の改革カトリックが最初だ）。カトリックの立て直しが成功したためにかえってヨーロッパは新旧に分断され、宗教戦争がつづいた。一七世紀にはプロテスタントは北を中心に、カトリックは南を中心に住み分けてなんとかおさまった。ルター派はキリスト中心主義に、カルヴァン派は予定説（救いと滅びは神によって決定されている）を中心にして教会組織を固めていく。しかしその組織化と権威の確立を嫌って個人の信仰を聖書にのみ求めるピューリタン（清教徒）らは、ヨーロッパを脱出して北米に「新エルサレム」を築きに行った。国教化して政教一致の権威を守ったイギリスから逃れた長老派やクェーカー教徒やバプテスト派などがその主力だった。

東方教会は、イワン雷帝が一五四七年にツアー（皇帝）の称号を名乗り、聖俗を兼ねた権力者におさまる。一五八九年には東方司教会議においてモスクワはコンスタンティノープル、アレキサンドリア、アンティオキア、エルサレムに次ぐ五つ目の独立総主教座として公認された。一七世紀のロシア正教では初期ヘレニズム教会の教父の伝統に戻る改革が始まる。西欧におけるカトリックとプロテスタントの対立のせいで、東方教会も立場を明確にする必要を迫られた。プロテスタント寄りになるもの、教父時代に復古するもの、ローマ教会と接近するもの（一五九六年、ウクライナに始まる東方典礼カトリックの誕生など）が出てきた。

一八世紀

ヨーロッパは、懐疑主義や個人主義に基づく啓蒙の世紀に突入する。特に、古い伝統にとらわれたカトリック教会は新思想の敵だと見なされたが、それに対抗して内部を刷新し思想リーダーとなるに足る人物に恵まれなかった。教会が国ごとに自立する傾向（フランスのガリカニスムなど）が生まれ、ついに市民革命（一七八九年のフランス革命）と世俗国家（フランス共和国など）の誕生につながった。プロテスタント世界では教義への関心が薄くなり、宗教が単なる実践理性の要請（カントなど）と見なされるようになる。イギリスでのメソジストの登場など改革運動もあり、キリスト教福音主義はアメリカ独立のアイデンティティにもなったが、プロテスタント全体のまとまりはなくなり、ひたすら多様化していく。

東方ではロシアのピョートル大帝がモスクワ主教座を廃して（一七二一）ロシア正教を国教化し、啓蒙主義の影響を受けたエカテリーナ二世が教会をさらに弱小化した。しかしロシア帝国の拡大にともない中国、シベリアやアラスカなどに正教の宣教が進められた。修道会の中では信仰がよく保持された。コンスタンティノープル主教座はトルコのもとで逼塞《ひっそく》をつづけた。

一九世紀

近代国家と和親条約（コンコルダ）を結び対話をつづける中で、ローマ教会は少しずつ再統合を果たした。一八七〇年に無謬性を付与された教皇の権威は大きくなり、ドン・ボスコなどによる聖職者の刷新、修道会の隆盛、ブラック・アフリカでの宣教、聖母信仰の高まり（ルルドの聖母出現など）

が見られた。しかしナショナリズムの盛り上がりや社会主義の台頭、産業革命後の労働力の搾取、宗教意識の変化などの前で教会は試行錯誤を余儀なくされた。プロテスタントの世界でも自由化が進み、アメリカでは信者主導の活動が盛んになり、ヨーロッパでは知的活動や神学的研究が深まる。プロテスタント教会の制度化は弱まり、政教分離や信教の自由が欧米で広がる。救世軍などの社会活動が組織されると共に、あらたな分裂も始まった。

ロシア正教では教父神学に還る信仰のルネサンスが起こり、朝鮮、日本や、中央アジアのイスラム社会に向けての布教が試みられた。トルコの勢力が衰えてきたバルカン半島ではギリシャ正教が息を吹き返してきた。ギリシャ教会（一八三三）、セルビア教会（一八七九）、ルーマニア教会（一八八五）などが、コンスタンティノープル総主教の認可を受けて独立新主教座として次々と名乗りをあげた。

二〇世紀

ローマ教会は本格的な「対話」と社会参加の時代に突入する。パウロ六世は、国連で演説（一九六五）し、ヨハネ・パウロ二世は精力的な宣教の旅行を展開した。第二ヴァティカン公会議で典礼を刷新し、信者による社会運動も盛んになった。キリスト教他派との歩み寄り（エキュメニズム）も始まった。フランスでの政教分離（一九〇五）、イタリアでの教皇領の終焉（一九二九年のラテラノ条約）、世界における不平等の拡大、社会の非宗教化などの危機にかかわらず、ローマ教会はキリスト教のメッセージが有効であることを世界に向けて発信しつづけている。新しいカリスマ運動や世界青年大会（ワールドユースデー）の盛況など、新しい霊性の模索は実を結びつつある。プロテスタントはその多様性がますます進み、三分の一がヨーロッパ、三分の一が北アメリカ、三分の一がオセアニア、インド、インドネシア、韓国、日本などで展開している。この広がりに着目して、似た傾向の諸派の国際的統合も進められた。宗教改革時の精神を保持し、キリストのもとにまとまり、たえまない自己改革が目指されている。

東方教会は、一九一七年のロシア革命以後、ソビエト連邦崩壊までと第二次世界大戦後の東欧で、すべての宗教活動が弾圧される暗い時代を経験した。ギリシャとトルコの争い（一九一九～二二）で多くのキリスト教徒が去り、コンスタンティノープル総主教のもとには数千人の信者とアトス山修道院自治体の修道者が残るのみとなった。しかし正教会は困難にもかかわらず信仰を保持し、アメリカやフランスなどの亡命先で典礼を守った。一九八〇年代末の共産主義の崩壊以来息を吹き返した正教会は、教父の伝統の現代化を模索し、正教会同士の統合と協力に向かっている。

二一世紀

ローマ教会は、初の東欧出身教皇ヨハネ・パウロ二世の後にドイツ人ベネディクト一六世が登場して、ヴァティカンの改革を図るも挫折して生前退位した。つづいて、南半球アルゼンチン出身のフランシスコ教皇が登場した。貧困や人権、環境問題に積極的に取り組み、メディアを味方につけて人気を博すも、守旧派との対立も生んだ。また教会内部でそれまで隠蔽されてきた小児性愛や各種のハラスメントと向き合ったことは、評価される一方で、教会離れも促進させた。

プロテスタントでは、マーケティング戦略が進み、福音派と呼ばれるメガチャーチがカトリック圏を侵食した。世俗化した社会では、聖書やキリストの名を掲げたカルト宗教の布教も進んだ。

東方教会は、米連合軍によるイラク侵攻やシリア戦争によって跋扈《ばっこ》したイスラム過激派によってカトリック系を含むキリスト教徒が迫害され、亡命を余儀なくされたことで、中東のキリスト教人口が激減した。また、ウクライナとロシアの対立によって、二〇一八年にはコンスタンティノープル大主教が、ウクライナ正教会をモスクワから独立した「正教会」だと公に認めた。ロシア正教会によるウクライナ支配をギリシャ正教が否認した形である。これによって、ウクライナ内部でも、ヨーロッパ各地のロシア正教会でも、モスクワとの関係による分断が起こった。

2　ブックガイド

キリスト教に関する本は入門書、教養書、専門書、信仰の書のいずれもおびただしい数のものがあるので、ここではひたすら分かりやすいということを第一の基準にしてその一端を紹介しよう。

まず、読んでほしいのは旧約聖書続編付きの新共同訳**『聖書』**(日本聖書協会)だ。世界一のベストセラーでロングセラーの『聖書』は、西洋哲学、文学、思想、芸術に関心のある人や、それらを専門にしたいと思っている人には辞書と同じくらい必携の一冊だ。しかも自然に読めるし、分かりやすい。じつは、この新共同訳が出る前、ひと昔前までの日本語の聖書というのは何だか意味がよく分からないところがいっぱいあった。訳語も独特の癖があって、いわゆる信者でない人にはなじめなかった。

私は長い間、一九五〇年代に訳された日本語の聖書を持っていたがよく分からず、もっぱらフランス語の聖書を使っていた。大学時代には多少ギリシャ語も習って新約聖書のギリシャ語というゼミにも出ていたが、どんな細かい一節でもすでに厖大《ぼうだい》な数の学者たちが学問的情熱とたいていは信仰の促しにかられて研究を重ねてきた歴史があるから、普通の人が少し考えたところで新しい解釈をつけ加えるような余地はない。それなら多くの人が研究し尽くした成果を利用するのが早道である。

ヨーロッパのキリスト教は長い間ラテン語訳の聖書に基礎をおいてきたので、ラテン語から派生したイタリア語、フランス語、スペイン語などの聖書は使いやすく、歴史と伝統があるからさすがに文がよくこなれていてじつに分かりやすい。日本語で学んだ時は何かよく分からなかった箇所が、パウロのように「目からうろこが落ちる」感じで次々と明快になった記憶がある。それ以来日本語の聖書はほとんど無視していたのだが、いつの間にか新共同訳が出ていて感心した。文も分かりやすいし、ちゃんと小見出しもついているし、付録も充実していて要約や地図や用語解説もある。これ一冊を読んでいれば他の本はほとんど必要ないくらいだ。といっても、やはりベースになる文化が違うから、フランス語聖書を読んでいるほどには自然ではないので、体にぴったりフィットする感じではない。しかしそもそもキリスト教が日本語にぴったりフィットすることなんてあるのか、という根本的な疑問にもとらえられる。

何千年も前のエジプトだのパレスティナだので起こった出来事をフランス語で読んだって遠和感があるだろう、と思われるかもしれない。しかし、たとえば聖書の主要登場人物の名前はその後聖人の名と見なされ、洗礼名となり、要するにキリスト教世界の最もありふれた名前になったから、たとえば太郎さんや花子さんが活躍するイメージで読めるのだ。フランス人にとっては福音書作者は自分たちと同じマルクやジャンで聖母はマリーで、イギリス人が読めばマークやジョンやメアリーで、イタリア人が読めばマルコやジョヴァンニやマリアだからだ。

けれども日本人が洗礼を受けても、どこまでいっても「中浦ジュリアン」だの「パウロ三木」だのの世界となり、接ぎ木をしたような感じが残る。シンガポールの中国人や欧米にいる華僑《かきょう》はキリスト教徒でなくても欧米風の通称を平気で名乗っているが、日本人ならキリスト教徒でも洗礼名を通称にしている人などシスターでもない限りめったにお目にかかれない。カタカナの世界はやはり特別な世界なのだ。またキリスト教世界の言葉を無理に日本語に訳してしまうと、それもかえって国籍不明の妙なイメージになってしまう。

といっても、日本古来の神道や仏教経典を読めと言われても、これも専門家ではない今の普通の人には難解だし、解説なしには意味の分からぬ古語や漢語に躓《つまず》くだろう。それに比べると最初からヘブライ語やギリシャ語の知識を期待されない聖書の翻訳はとても親切で分かりやすい。一冊の本を通して世界中に広がるキリスト教世界のネットワークにつながることができるのは楽しいことでもある。

あと手軽で便利な本として**『知って役立つキリスト教大研究』**（八木谷涼子、新潮OH！文庫。のち**『なんでもわかるキリスト教大事典』**と改題、朝日文庫）がお薦めだ。キリスト教一般というより、今の世界や特に日本におけるキリスト教の実態がよく分かる上に、いろいろな宗派にゆかりの小説や映画などまで教えてくれているしイラストも豊富で、ドキュメンタリーのような部分もあって楽しい。

分かりやすいといえば、キリスト教専門書店にある子供用の本はきれいだしよくできている。日本のキリスト教の歴史なら**『マンガ日本キリスト教史』**（まどかまこ、雲の間にある虹出版）というマンガがおもしろかった。**『キリスト教文化の常識』**（石黒マリーローズ、講談社現代新書）も西洋文化を知るためのキリスト教知識が分かりやすく紹介されている。同じ「常識」といっても**『聖書の常識』**（山本七平、講談社文庫。のち**『聖書の常識　聖書の真実』**と改題、講談社＋α文庫）はイスラエル史や旧約聖書に関する部分が充実していて、「常識」の域を超えてやや専門的だがためになる。**『聖書神話の解読』**（西山清、中公新書）は聖書を神話として解読していく本だが、いろいろな情報がほどよく配分されていて読みやすく物知りになれる。キリスト教の歴史関係で薦めたいのは、思想史としての歴史をはっきりとしたパースペクティヴと共に語ってくれる『**キリスト教の歴史**』（小田垣雅也、講談社学術文庫）だ。中身が濃いのできっちりと読み通すには基礎教養と理解力が必要だが、一度頭に入ればキリスト教文化がよりよく見えてくるだろう。

新書で刺激的なのは『**〈神〉の証明**』（落合仁司、講談社現代新書）だ。数理神学の紹介で、頭の体操にもなり、わくわくするほど楽しかった。この他、各種文庫や新書の中のキリスト教関係の本はどれを読んでもそんなに当たり外れはなくそれぞれにおもしろい（と想像する）。テーマが大きい上に研究史が長く、公開されている情報量が多いので、大きな誤解や曲解の入り込む余地が少ないからだ。『**「新約聖書」がわかる。**』『**「旧約聖書」がわかる。**』（いずれもアエラムック、朝日新聞社）という二冊のムックは分かりやすい上に専門家による最新の情報も入っていて本格的だ。聖書についてもっと詳しいことを知りたければこのムックの巻末のブックガイドを読んで選ぶとよいだろう。

キリスト教や聖書について知識を得たい時、ある程度以上深入りすると、厖大な研究書の前で臆したり、厳しい信仰の気配に息が詰まるような気がしたりするから、かなりのモティヴェーションを必要とする。しかしたとえばマザー・テレサの物語のように、信仰にささえられて社会で有用な活動をした人々の伝記などは宗派にかかわらず感動を与えてくれるので、そういう本からアプローチするのもいいかもしれない。

キリスト教系の雑誌もいろいろあってそれぞれ特色があるが、部外者が読んでもおもしろくてためになるものもある。写真がきれいで若者を対象とした『**カトリック生活**』（ドン・ボスコ社）や、もっと家庭的なタイプの『**あけぼの**』（聖パウロ女子修道会、二〇一五年休刊）などいろいろあるので、一度読んでみれば雰囲気が分かる。私はフランスのイエズス会の総合誌『**ÉTUDES**』を毎月読んでいるが、社会問題から芸術まで他の雑誌にはない切り口があって目を開かれる。日本では上智大学神学会の『**神学ダイジェスト**』が読みごたえがある。

日本文学とキリスト教ということを考えると、キリスト教作家の三浦綾子や遠藤周作や曽野綾子の作品がすぐ浮かぶ。キリスト教作家がキリスト教をモティーフにする時は作家自身の時代背景や体験に結びついた信仰がベースになることが多い。もちろん具体的な信仰や信仰上の葛藤だけでなく、キリスト教は文学的テーマとしても常にインスピレーションを与えつづけてきたので、キリスト教徒以外でキリスト教的な題材をあつかう作家もいる。欧米文学ではいわずもがなだ。作品の中身に直接関係がなくても、およそ芸術的表現にたずさわろうという感性の人が、伝統的なキリスト教文化に何らかの影響を受けなかったということは考えられないからだ。それどころか、キリスト教に積極的な懐疑を表明したり無神論を標榜したりしている思想家や芸術家の作品を深く知るためには、その葛藤のもとになったキリスト教を知っておくことがなおさら必要になるだろう。

単行本ではイタリアの有名なベストセラー『**イエスの仮説**』(ヴィットリオ・メッソーリ、飯塚成彦訳、石川康輔監修、ドン・ボスコ社)が翻訳で読めるようになった。この本はまるでミステリー小説を読んでいるようにおもしろい。ミステリーといえば、欧米のミステリー小説やホラー小説でキリスト教をあつかったものも結構いろいろなことを教えてくれる。キリスト教文化圏での創作だから資料がかなり充実していることが多い。エリス・ピーターズの「**修道士カドフェル**」シリーズは中世のキリスト教世界のことがよく描かれているのでお薦めだ(現代教養文庫ミステリ・ボックス、のち光文社文庫)。

カルト系やオカルト系にもキリスト教関係の本が多い。黙示録解読の終末予言、イエスの聖杯（最後の晩餐の時に使われた杯で、十字架のイエスの脇腹から流れる血を受けとめた）伝説、ロンギヌスの槍（イエスの脇腹を刺した槍）伝説、隠れた秘宝伝説などだ。こういうもののほとんどは聖書や史実の中から適当なものだけつなぎ合わせて検証不可能な仮説を築きあげたものだから、距離をおいてエンターテインメントとして読んでおけばいいだろう。

またキリスト教系秘密結社やヴァティカンの陰謀という類いの翻訳本も少なくない。ほとんどが何の根拠もないものだが、この手の本が絶えず生産されてマーケットをなしていることそのものが、欧米人のキリスト教へのこだわりを物語っているので興味深い。

キリスト教と他宗教を比べた本も興味深いが、著者のスタンスによって微妙に色がつくので選ぶ時に知っておいた方がいいかもしれない。「禅とキリスト教」のテーマにはかなりの伝統があるので思考訓練として読むのも楽しい。キリスト教系の大学が出版している異文化対話のシンポジウムの本などはいろいろなことを教えてくれる。

キリスト教美術の本や建築の写真集などはキリスト教がどのように展開してきたのかを雄弁に教えてくれる。トラピスト会などのモノトーンで静けさに満ちた修道院の写真集の精神性と、中南米のきらめくバロック教会の写真集で見る内部装飾の臓器的に凝縮された思い入れを両方見ると、人間性の表現の多様さに感慨を覚えることだろう。

最後に、この本の中で取り上げられなかったことを補完するものとしてぜひ読んでほしい筆者の本をいくつかあげておこう。

・**『ローマ法王』**　ちくま新書

西洋文明の基礎をなし、今でも一人の首長を戴く宗派として世界最大のローマ・カトリックの仕組みを通して世界を考える手引き書。政治や外交や国際関係を学びたい人にぜひ読んでほしい。

・**『ヨーロッパの死者の書』**　ちくま新書

ギリシャ、ケルトやゲルマン世界がキリスト教化していく中で移りかわっていくヨーロッパの死生観を現代における模索と共に紹介したもの。死生観が希薄になっている物質主義的な日本に思いを馳せながら書いた。

・**『聖者の宇宙』**　青土社、のち中公文庫

キリスト教、特にカトリックの聖人システムとその展開について書いた。教義から風俗、奇跡まで、キリスト教国の人ならみんな何となく了解しているのに非キリスト教国ではほとんど知られていないことは多いが、欧米の文学や芸術作品を鑑賞したり研究したりしているだけでは見えてこない。幕末以来、欧米文化を新たなルーツとして一五〇年以上経つ日本人の教養として手元において読んでほしい。

・**『ジャンヌ・ダルク』**　講談社現代新書、のち講談社学術文庫

フランスの歴史上のヒロインの物語をキリスト教的な視点から解読した本。キリスト教的な視点を導入すると歴史が複眼的に見えてくることを知る一例として読んでほしい。

・**『聖母マリア』**　講談社選書メチエ

キリスト教世界の女性キャラクターとして最重要の位置をしめる聖母マリアとその信仰の変遷をた

どる。ルーツからフォークロア、現代的な意味までを探る。

・**『奇跡の泉ルルドへ』**ＮＴＴ出版
カトリック最大の巡礼地の一つであるフランスのルルドに起こった一九世紀の聖母出現から霊泉の奇跡までを、歴史的、社会的、心理学的、宗教史的に解読することを目指した本。近代ヨーロッパにおけるキリスト教的心性の展開を眺めてみよう。

・**『パリのマリア』『聖女伝』**筑摩書房、**『バロックの聖女』**工作舎
フランスのカトリック世界の聖女たちをめぐるエピソードを通して、現代にまで息づく宗教的感性を分析しながらヨーロッパ思想史を体感的に理解するヒントを提供する。

・**『「弱い父」ヨセフ』**講談社選書メチエ
キリスト教文化圏における聖ヨセフの形姿を多面的に読解し、その「弱さ」ゆえの「強さ」の所以《ゆえん》を探る。父権や父性についてのジェンダー・イメージも再考した。

・**『無神論』**中央公論新社
他の本で紹介してきたキリスト教的心性を「無神論」という反対側から眺めて立体的な理解へ至る、合わせ鏡のような一冊。

・**『キリスト教の真実』**ちくま新書
民主主義や人権思想を生んだ西洋近代思想の背後には、キリスト教の神がいる。その暗黙の前提を、キリスト教圏外の日本人が理解し、国際社会でサバイバルしていくためのヒントとなるように書いた。

・**『ユダ』**中央公論新社

宗教の「蒙昧」から解放された近代において、神や聖人以上に「裏切り者」ユダが求心力を持ちつづけるのはなぜか。ユダのおかした「小さな過ち」と「ゆるしてもらいたい」という気持ちは、私たちにとっても身に覚えのあるものであり、いつかそれは正義と平和を可能にする必要条件としての「ゆるし」の小さな芽であるかもしれない。私たちの中にもいる惨めな裏切り者ユダを、そんな共生的な未来を照らす光源として書いた。

・**『キリスト教の謎』**中央公論新社
「奇跡を数字から読み解く」という副題のついたこの本は、キリスト教を語るには「一神教」「二元論」「三位一体」といった「一、二、三」の数字から始めなければならない、という問題意識から発している。1から13まで、数字が象徴する奥義を、史学・神学・心理学・美学・社会学的観点から論じた。

・**『キリスト教は「宗教」ではない』**中公新書ラクレ
「いかに生きるべきか」という問いから出発したキリスト教が、「信仰」を生み、「宗教」として制度化され、非西洋との出会いにおいて相対化され、「自由・平等・博愛」の普遍的理念を獲得していく過程を、世界史の激動とともに描いた。

・**『神と金と革命がつくった世界史』**中央公論新社
「神」は支配の正当化に利用され、のち「金」(富・資本・金融)にその座を譲り、「革命」も非民主的な暴力によって主流秩序を否定する。強者が弱者を支配する覇権主義に終わりはなく、破壊と分断はますます進む。「神」「金」「革命」の危険な三すくみからは見えてこないもの——たとえば「愛」——をどうすれば見る／見せることができるか、読者も一緒に考えてほしい。

3　知の練習問題

五人の学生が議論している。

まず、よく読んだ後、五人各自の立場に立って弁論したり反論したりする思考訓練をしてみよう。

次にこの本を読んで学んだことや分かったことをその論議の中に取り入れて使ってみよう。

さらに、あなたがキリスト教の信徒であると仮定して、キリスト教の啓示宗教としての特殊性を解説しながら、この五人にそれぞれアドヴァイスをする場面をシミュレートしてみよう。

最後に、あなたが司会者だと仮定して、「真理の探求」「人生の道標」「価値観の確立」「現実吟味能力」という四つの言葉を使ってこの五人の議論をまとめるコメントをしてみよう。誰かが誤っていると決めつけずに、みなが他者を知り、耳を傾けつつ、共通の何かに向かってそれぞれの生き方を深めていく動機づけを与えられるだろうか。

【学生A】日本人は無宗教が基本だと思います。かといって、宗教心の篤《あつ》い国に反動で見られるようながちがちの無神論とかではありません。何でも取り入れるアジア的な自由で柔軟な寛容の精神にあふれていると思います。平和な国だし、宗教にすがる蒙昧時代は卒業したので、下手に宗教に関わるとカルト宗教のテロみたいに暴走したり金を失ったりするだけではないでしょうか。世界がいまだに宗教の名の下で争っているのを見ても、日本は一番進化した政教分離国家と言えるのでは。外交下手だとか言われているけれど、無宗教の強さを利用して、世界の宗教紛争をおさめるリーダーになるべきだと思います。私の専攻は国際関係論です。

【学生B】

異宗教同士が争っている時に中立の声など届かないのは国連を見ていても明らかだと思う。むしろ世界の宗教を研究して、宗教の中に「平和の根拠」をさがしていくべきではないでしょうか。どんな宗教でも本来は人間の類としての存続欲求に基づいていると思うから、文化や歴史の差を相対化すれば歩み寄りの余地はあるはずです。宗教に無知では外交だってままならないと思います。特に文明の衝突と言われているようなイスラム教とキリスト教について学ぶべきではないでしょうか。日本の歴史と直接の関係がないから距離を置いて見られて、中立的な立場に立てる利点があると思います。専門は心理学です。いくら科学が進歩してもそれを応用する人間の心の問題は残ります。

【学生C】

二人の意見は日本人の宗教性を無視していると思います。日本人は無宗教といっても特定宗派への帰属意識が薄いだけで宗教心はちゃんとある。江戸や明治から第二次世界大戦終了までの政治と宗教の癒着の反動で宗教音痴になっただけです。日本人が自然宗教やアニミズム的な神々に守られてきたと感じていたのは事実ですが、お盆などを見ていても祖霊信仰が今も生きているのが分かります。他の宗教に口出しするよりまず日本の宗教を研究すればいいと思う。特殊は普遍につながると思います。人間の精神構造なんて深いところではみな同じだからキリスト教の中にあるテーマは他の宗教の中にも必ずあると思う。専門は情報工学です。

【学生D】

私は小さい時から何か絶対的なもの、超越的なもの、ピュアなものに憧れていました。教会にも通ったことがあるしシスターとも話したが、納得のいくものを与えてもらえませんでした。特定の宗教の看板を掲げている人はなんだか優越感があるようで敷居が高い。宗教書の古典を読んでいるとそれなりに感心するけれど実際の信者の前では臆してしまいます。宗教が人を解放してくれる場合と束縛する場合と両方あると思う。

宗教をあきらめて超能力やオカルトに関心を持ったこともあります。修行して自分を変えていくというのに興味があります。でも修行を表に出している宗教はなんだか怖い。私の求めている神さまなど人間の中では見えてこない気がします。このまま心に空洞をかかえたままなんとなく生きていくのかなあと思う。世界が平和になっても自分が不幸なら意味がないです。教育学専攻です。

【学生E】

私はキリスト教系の施設でボランティアをやっています。休みの間はほとんど毎日。キリスト教のくわしいことは分かりませんが、毎日忙しくて考えている暇がありません。でも人の役に立っていることはうれしくて、こういう喜びを与えてくれただけでもキリスト教には感謝してます。えっ、キリスト教以外のボランティアでももちろんＯＫですよ。でもキリスト教は世界中に広がっていてネットワークに入っていると楽しいし、スマートな感じもします。専攻は後期ルネサンスの建築史なのでキリスト教のシンボルのモティーフなんかも習いました。でもそれは宗教として意識してません。キリスト教の歴史も深く考えたことがありません。ヨーロッパにも行きましたし、同い歳のイタリア人の友達がいますが、別に彼らの方がキリスト教に特にくわしいという感じもないですよ。

＊この問題にあなたはどのように答えますか？

おわりに

この本を執筆中に実家の父が亡くなった。生前の父は禅宗が好きで禅語録もよく読んでいたし禅寺で座禅をしたこともある。母は鞍馬寺が好きでよくお参りに行っている。しかしいわゆる先祖の檀那寺は浄土真宗なので、亡くなると斎場から宗旨を尋ねられて担当のお坊さんがお経をあげにやってきた。母は真宗仕様の仏壇を購入し、お参りに来たお坊さんはお経の本や信徒の手引きを置いていった。

死という通過儀礼のディテールはさすがに充実していて、死ねばみんな急に仏教徒になるどころか「仏さま」になるのだから、高齢化社会では仏教は繁栄するかもしれない。昨今は宗教抜きの「友達葬」なども見られるとはいえ、それは比較的若い人の死で遺族にも力がある場合がほとんどだ。高齢者が高齢者を看取るような死のシーンでは、宗教による通過儀礼を経て初めて死が消化される。いや、そのためにこそ宗教が存在したのだと納得できた。

父のお骨は生前からあったお墓に納められたが、喉仏だけは別にして京都の五条坂にある大谷本廟の「親鸞の墓のそば」に納められた。観光ルートになっている本願寺は知っていたが、大谷本廟には初めて行った。喉仏だけではなく、個別の仏壇付きのロッカールームのような大きな納骨堂もあるが、小さな骨壺に入った喉仏を納めに来ている人の姿の方が目に付いた。京都の寺社は今まで歴史建造物、文化財のように見ていたが、大谷本廟はさすがに信者御用達という感じで、「父の属する信仰共同体」というものがあったのだなという親密な気さえしてくる。

せっかく京都に行ったので他のお寺もまわることにしたが母は神社には行けないからと言う。喪に服している人は神社の鳥居をくぐってはいけない。鳥居の脇を回ればいいと言う人もあるがそんな姑息《こそく》なことはしたくないと言うのだ。そういえばそんな話を聞いたことがある。なぜかというと神様の方が「偉い」からで、だからこそ子供が生まれたらお宮参りで死んだらお寺なのだ。

日本の仏教は「葬式仏教」と揶揄されて久しいが、たしかに誕生儀礼にはあまり出てこない。神式の葬式というのもあまり聞かない。カトリックでは病院に司祭を呼んで病者の塗油（終油の秘跡）をやってもらえるが、病院に坊主を呼ぶと「縁起でもない、俺はまだ死んでいないぞ」という感じだし、神社となると逆に死は不浄であり忌むべきものだから遺族が鳥居をくぐるのもはばかられるのだろうか。他人の葬式に出席しただけで帰宅すると塩をまいてもらうところから見ると、穢《けが》れは死人の近くにいただけで感染するらしい。父の死んだ時に一万キロも離れたところにいた私は親族でも穢れていないのではと思ってみたりもする。

実際は神道にも葬送儀礼がないわけではないが、基本的には神道は死んだ人の魂を神として祀るわけだから、後からご利益《りやく》のありそうな偉い人だとか特別な人（天皇だとか東照宮の徳川家康だとか、靖国神社の英霊など）、非業の死を遂げたので荒ぶる神として祀っておかないと祟《たた》りそうな人（菅原道真など）や神職の人以外にはあまり縁がない。

日本人は正月に初詣で、チャペルで結婚、仏教で葬式と、信仰に節操がないなどと言われているが、成文化していない自然宗教の島国に外国から文明と宗教がセットになって入ってくるのを消化しつづけた歴史があるからしようがない。

それを思うと、多民族がひしめき共存したヨーロッパが、すっきりしたキリスト教にまとまった方が驚きである。キリスト教がすっきりしたのは、イスラムのように仲介者なしの抽象的な神をたてずにイエスという歴史的人間を人であり神でもあるとしたことで、多神教をも抱合する柔軟性ができたからだ。たとえば異教の祭をどんどんイエスの生涯のイヴェントの記念日に変えていくことができた（イスラム教はすっきりした一神教だと思われているが、姿のない超越神とコーランを伝達してくる生き生きした神とを結びつけるための神学が必要になったし、人間であるムハンマドを理想のモデルとして神格化する傾向と無縁でもなく、後の調整がじつはけっこう大変だ）。

結局キリスト教は、誕生、洗礼、共同の聖餐、結婚式から臨終の時の病者の塗油から葬式まで、信者の一生を文字通り揺り籠から墓場までカバーすることになった。しかもユダヤ教やイスラム教のような生活上の戒律主義は否定しているから、その気になれば宣教地における現地の慣例を守ることができる融通性（インカルチュレーション）がある。私が父の死を告げた時、カトリックの神父はすぐにミサをあげてくれたし、プロテスタントの牧師は父の魂のために祈ると言ってくれたが、キリスト教にはそういうフットワークのよさがある。死に瀕しての洗礼は神父でなくとも授けられることになっているのもおもしろい。宗教は利害を共有する共同体の中で機能しているのがたいていの姿であって、効験あらたかな噂があれば他の共同体がそれを勧請に来るという形で伝播《でんぱ》していくのが普通だ。そんな中で、みずから「普遍」宗教だと言って積極的に世界に張り出していったキリスト教が今日の世界の「国際社会」形成の一端を担ったのは間違いがない。けれども、魂だの死後の世界だののシステムをグローバル化しようとして、キリスト教は科学文明やナショナリズムや価値の多様性の壁にぶつかった。その結果、宣教の鉾《ほこ》をおさめ、戦略を変え、歴史を反省し、独善主義から卒業し、今や最も成熟した宗教の一つになったというのが現状だ。

しかし、キリスト教と共に世界を席捲《せっけん》してきた「西洋の論理」はとどまることを知らず、モノや金や市場原理によって世界をグローバル化しつづけている。「脱西洋」化したキリスト教は、多様化社会がその「普遍的な倫理」を模索するリーダーシップを取ることで、モノや金という現代の偶像崇拝に対抗し始めているのだろう。それは西洋社会を築いた宗教が担うあらたな使命としてふさわしく、大いに期待したいものである。

この本は、そういう進化をつづけるキリスト教の本質がいったい何であり、何であったのかを知る一つの試みだ。聖典である新旧約聖書の紹介を中心に、読者に自らキリスト教と今の社会や人間について考えるためのヒントを提供することができれば幸いである。

二〇〇二年九月一〇日

竹下節子

学術文庫版へのあとがき

キリスト教で文明の歴史や現代社会の混迷などのすべてが説明できるわけではない。けれども、キリスト教抜きでは近代の西洋スタンダードも現代の地政学も理解することはできない。

科学技術が宗教の「蒙昧」を追いやったかに見えた二〇世紀の後で、二一世紀にいや増す混迷には「宗教」の旗が掲げられている。「冷戦」後の世界では、東欧やロシアの正教が新たに政治的、国民的意味を持ち始め、エネルギー産出国として資本主義国と提携していた中東諸国のイスラム・アイデンティティが前面に押し出され、ビジネスに特化したアングロサクソン先進国ではポスト・プロテスタンティズムが社会を分断し、ローマ・カトリックは北半球から南半球へと信者数の重心を移すことでその様相が変化してきた。

それなのに、今でもなお、世界中で絶えない内戦や侵略の背景に、キリスト教文明が生んだ進歩史観を普遍価値として押しつけてきた欧米の傲慢と限界があるという説明がなされることがある。ウクライナ戦争におけるロシアと西側諸国の対立でさえ、同じキリスト教にルーツを持つ二つの世界の対立だと評されることもある。見渡せば、仏教文化圏でも儒教文化圏でも争いは絶えないのだから、解決は「宗教」のレベルにないことは明らかだ。

ところが、私の場合、二〇一五年にアメリカで亡くなったフランスの人類学者ルネ・ジラールが一〇年前のインタビューで語っているのを聴いて以来、キリスト教観が一変した。ルネ・ジラールといえば悪や暴力と聖なるものとの関係や、スケープゴート理論によって私の考え方の基層にしっかり組み入れられている人で、哲学、人類学、民俗学、社会学、文学、宗教学、歴史学などを学際的に駆使した膨大な論考の大学者で知識の宝庫というイメージがあったのだが、インタビューに答えて、シンプルで信念に満ち、ぶれないで、すごいことを断言していたのだ。それを念頭に彼の業績を振り返ると、実はずっと同じことを言っていたのだなあと分かった。

彼の断言したすごいことというのは、「今の世界の暴力や戦争をなくす唯一の思想はユダヤ＝キリスト教の原点に回帰したものである」というものだ。これにはインタビュアーも焦って、「ではイスラム教は？」と言った（私にも、「じゃあ、仏教は？」との思いがよぎった）。ジラールはさすがにイスラム教の原点では戦争がなくならない、などとは言わずに、ある人が宗教をどのように生きているかによってその価値が決まるのだ、と答えた。

人間の暴力や攻撃性の原点は他人の真似をするミメーシス（模倣、擬態）の本能にあるというのがジラールの唱えた理論だ。幼い子供たちをたくさんの玩具がある部屋で過ごさせると、最後は必ず一つの玩具の取り合いになる。暴力とは相互現象で、他人が持っているが自分の持っていないものを欲することが争いの種となる。それが嵩《こう》じて共同体が崩壊しそうになったら、その攻撃性を回避するためにひとりだけが「罪」をきせられて全員から葬られることで緊張が緩和して平和が戻る。その犠牲者はいつの間にか聖性を付与される。イエスも彼につづくすべての殉教者もそうだったし、日本で言えば菅原道真のように非業の死を遂げた者の呪いを封じるための神格化もある。すべての宗教の始まりにはそのよう原初の殺害行為があるが、それを乗り越えたのがユダヤ＝キリスト教だとジラールは言うのだ。

モーセの十戒には「殺すなかれ」というものももちろんあるが、最も重要なのは「他人の持ち物を欲するな」というもので、「隣人と同じになりたい＝他人のものを欲しがる」というミメーシスをそもそも封印することなしには平和はないことを示している。キリスト教はさらにそれをおしすすめた。ミメーシスのもう一つ、「他人からされたことと同じことをする」というのが「他人のものを奪う」「奪い返す」という行為につながって暴力の連鎖になるのだが、キリスト教は、右の頬を打たれても打ち返さず左の頬さえ差し出す、という徹底的な非交戦を説いた。キリスト自身も「犠牲の羊」のようによってたかって殺され、弟子たちもミメーシスによってキリストを見捨てるのだが、キリストは抵抗せずに殺されるままになった。自分たちのために他人を生贄にするというアルカイック（古風）な行動から、他人のために「自己犠牲」を受け入れるという形の革命的行動を示すことで「真の救い」とは何かを教えたわけだ。

つまり、「他人のものを欲望しない」ことと「攻撃的ミメーシスを封印すること」の二つがユダヤ＝キリスト教の根幹で、これさえ守れば平和は訪れる、とジラールは断言する。単純明快だが、彼が膨大な研究からこの結論に至って回心し、キリスト者であることを表明したことが、学者としての彼の評価にとっては致命的なものになった。政教分離と無神論の伝統の上にアカデミズムを打ち立てたフランスでは特に胡散臭いものだと思われたのだ。

学問に神学を取り入れるなどは許され難い。逆に神学者の側からも、ジラールは「神学をただの科学にしてしまう」と警戒された。晩年にようやくフランスの学士院に迎え入れられたものの、ジラールの名声のほとんどは宗教、特にキリスト教神学が普通の人文科学のひとつとして市民権を持つアメリカで得られたものである。実際ジラールは戦後すぐに二四歳でアメリカに渡ってほとんどすべての業績をアメリカで築いたが、アメリカでの彼の受け入れられ方は、むしろカルチュラル・スタディの枠の中で、人間のアルカイックな行動様式にキリスト教が撃ち込んだ楔《くさび》の意味についてはあまり語られない。

多くの社会で、ミメーシスの理論では、父と子の関係において子は父の持つものや力を欲望し、嫉妬し、父殺しにまで至るが、キリスト教の「父と子」では、父はすべてを子に委ね、子はその父を真似て、自分も「無限に与える」側に回る。父に取って代わろうとはしない。そのような特殊な「父と子の関係」の神学を持ち出されたら、確かに仏教などとは比較できない。また、ジラールがキリスト教に回心したといっても、彼はもともと一九二三年のクリスマスにアヴィニヨン法王庁の宮殿で生まれている。古文書学者でもあった父がアヴィニヨン宮殿博物館の館長だったからだ。キリスト教的教養はたっぷりあったが当時のフランスのインテリ青年らしく最初は「科学的＝非宗教または無宗教」という立場で研究生活に入り、その中でキリスト教の革新性にたどり着いた。「宗教は蒙昧」という先入観を捨てたことを隠す必要がない立場で堂々とキリスト教精神の擁護をしたが、現実の教会やら神学やらの擁護ではなく、キリスト教が歴史上、「暴力」に対してとったあらゆる妥協や容認や「リアルポリティクス」を糾弾している。自らの知的資産を人類の未来と世界の平和につなげたいという希求を通じて、本気でキリスト教のメッセージの重要性（ジラールは、福音書は「神の学」ではなく「人間の学」だと言う）を確信し、信仰と科学を分断せず、聖書を人類学的にとらえなおしつづけたのだ。

彼と同世代の宗教史家のジャン・ドリュモーも、晩年に過激なキリスト教革命（カトリック革命）を唱えた。ドリュモーといえば、西洋における「天国」や「恐怖」の歴史などについてさまざまなベストセラーと言える歴史書を出してきた人で、私も一九八〇年代から九〇年代にかけて愛読してきた西洋宗教思想史の大御所だ。その彼が、カトリック教会の分権はもちろん、司祭の独身制の見直しや女性司祭容認も含めて具体的に提案しているのはかなりのインパクトがあると同時に、至極まっとうな意見に思える。私が今のカトリックのシステムに特に異論を持たないのが不思議なくらいだ。ドリュモーにとってのカトリックのシステムは、彼がその中で生まれて育って、九〇代になっても積極的に関わっているものであり、私にとっては、所詮、旅行者の目で見るものでしかないという違いから来るのだろう。

私にとってのキリスト教は、まず、ヨーロッパのカトリックはこうですよ、プロテスタントはこうですよ、正教はこうですよ、という既存の「情報」としてあったもので、たとえばそれが女性差別を残しているとしても、よそ者の自分が「是正」を求めるなどという視座など持ったことがない。だから、ヴァティカンで、結婚をしたことのない中高年男性ばかりが集まって離婚がどうの再婚がどうのと議論しているのを見ても、特に違和感がなかった。それが、ドリュモーにばさばさと切って捨てられると、なるほど、と思わされてしまう。高齢の学者で信仰者でもある人が宗教に求めるもの、宗教を刷新して次の世代にも残したい気持ち、何が本質で何が必要とされているのかなどの考察を読むことは刺激的である。

ジラールもドリュモーも、科学という枠に閉じこもらず、心と精神に「聖霊」に吹かれる場所を常に残してそこに扉を開いておいた学者だったのだろう。本当に「器の大きい人」の「器」の中には「神」が宿る場所もあるのだろうなあ、と感慨を覚える。

私たちは他者との関係の中でしか、救いの歴史も、宗教の歴史も語れない。救世主の十字架上での死は、当時も、初期キリスト教の成立後も、スキャンダルであり、躓きだった。そのキリスト教の根本にあるものと、キリスト教をヘゲモニーにしてきた西洋近代史とのパラドクスを読み解くことは、非キリスト教文化圏でありながら「近代西洋」社会の主要メンバーに名を連ねつづける日本にとっての大きな課題ではないだろうか。それが世界の「平和」に貢献する一つの道でもあることを期待するばかりだ。

二〇二三年四月二〇日

竹下節子

KODANSHA

À

celui qui est mort pour moi

本書は、二〇〇二年に講談社選書メチエより刊行された『知の教科書　キリスト教』に加筆修正を施したうえ、文庫化したものです。

竹下節子（たけした　せつこ）

比較文化史家・バロック音楽奏者。東京大学大学院比較文学比較文化修士課程修了。同博士課程，パリ大学比較文学博士課程を経て，高等研究所でカトリック史・エゾテリズム史を修める。著書に『ローマ法王』『聖者の宇宙』『ジャンヌ・ダルク』『無神論』『神と金と革命がつくった世界史』など多数。

講談社学術文庫

定価はカバーに表示してあります。

キリスト教入門《きょうにゅうもん》

竹下節子《たけしたせつこ》

2023年7月11日　第1刷発行
2024年8月2日　第2刷発行

発行者　森田浩章
発行所　株式会社講談社
　　　　東京都文京区音羽 2-12-21 〒112-8001
　　　　電話　編集（03）5395-3512
　　　　　　　販売（03）5395-5817
　　　　　　　業務（03）5395-3615
装　幀　蟹江征治
印　刷　株式会社広済堂ネクスト
製　本　株式会社国宝社
本文データ制作　講談社デジタル製作

ISBN978-4-06-532554-4

「講談社学術文庫」の刊行に当たって

これは、学術をポケットに入れることをモットーとして生まれた文庫である。学術は少年の心を養い、成年の心を満たす。その学術がポケットにはいる形で、万人のものになることは、生涯教育をうたう現代の理想である。

こうした考え方は、学術を巨大な城のように見る世間の常識に反するかもしれない。また、一部の人たちからは、学術の権威をおとすものと非難されるかもしれない。しかし、それはいずれも学術の新しい在り方を解しないものといわざるをえない。

学術は、まず魔術への挑戦から始まった。やがて、いわゆる常識をつぎつぎに改めていった。学術の権威は、幾百年、幾千年にわたる、苦しい戦いの成果である。こうしてきずきあげられた城が、一見して近づきがたいものにうつるのは、そのためである。しかし、学術の権威を、その形の上だけで判断してはならない。その生成のあとをかえりみれば、その根は常に人々の生活の中にあった。学術が大きな力たりうるのはそのためであって、生活をはなれた学術は、どこにもない。

開かれた社会といわれる現代にとって、これはまったく自明である。生活と学術との間に、もし距離があるとすれば、何をおいてもこれを埋めねばならない。もしこの距離が形の上の迷信からきているとすれば、その迷信をうち破らねばならぬ。

学術文庫は、内外の迷信を打破し、学術のために新しい天地をひらく意図をもって生まれた。文庫という小さい形と、学術という壮大な城とが、完全に両立するためには、なおいくらかの時を必要とするであろう。しかし、学術をポケットにした社会が、人間の生活にとってより豊かな社会であることは、たしかである。そうした社会の実現のために、文庫の世界に新しいジャンルを加えることができれば幸いである。

一九七六年六月

野間省一

宗教

2321
土岐健治著
死海写本
「最古の聖書」を読む
さまざまな解釈を生み、世界を騒がせてきた「最古の聖書」には何が書かれているのか。書き残したクムラン宗団とはいかなる思想を持っていたのか……。膨大な研究成果をコンパクトにまとめた、最良の解説書。
電P

2329
荒井　献著
ユダとは誰か
原始キリスト教と『ユダの福音書』の中のユダ
イエスへの裏切りという「負の遺産」はどう読み解くべきなのか。ユダを「赦し」と「救い」から排除した原始キリスト教における思想的・政治的力学とはなにか。隠された真のユダ像を追った歴史的探究の成果。
電P

2358
横山紘一著
唯識の思想
唯《た》だ心だけが存在する――。不可思議にして深遠な心の構造を観察・分析し、そのありよう＝八種の識を解き明かす唯識とは何か。この古くて新しい、大乗仏教の普遍的な根本思想の世界へといざなう最良の入門書。
電P

2401
加藤　隆著
『新約聖書』の誕生
イエス死後の三百年間に何が起きたのか。「後発」で「特殊」な文書集が権威となりえた秘密は何か。教団主流派が「異端」活動の果実を巧みに取り入れ、聖なる「テキスト共同体」を作り出すまでを明らかにする。

電P

2404
八木谷涼子著
キリスト教の歳時記
知っておきたい教会の文化
世界中のキリスト教会が備えている一年サイクルの暦。イエスやマリアに関わる日を中心に、諸聖人を記念した祝祭日で種々の期節が彩られる。クリスマス、イースターをはじめ、西方・東方ほか各教派の祝祭日を詳述。
電P

2432
倉田百三《ひゃくぞう》著（解説・稲垣友美）
新版　法然と親鸞の信仰
信仰は思想ではない。生きることそのものなのだ！『出家とその弟子』で知られる求道的文学者が、「一枚起請文」と「歎異鈔」の世界に深く分け入り、情熱をこめて信仰と人生を語り説く。感動の仏教入門。

電P

宗教

2435
竹村牧男著
親鸞と一遍　日本浄土教とは何か
無の深淵が口をあけ虚無の底に降り立った中世日本に日本浄土教を大成した二人の祖師。信心と名号、全く対照的な思索を展開した両者の教えの精緻な読み込みを通して日本人の仏教観の核に鋭く迫った清新な論考。

電P

2442
浅野裕一著
儒教　怨念と復讐の宗教
儒者たちにとって、最も厄介な書物は『論語』であり、最も困った人物は孔子だった！　みじめな人生を送った男のルサンチマンを刻み込み、東アジア世界の精神的紐帯として機能してきた不思議な宗教の正体と歴史。

電P

2443
大谷哲夫全訳注
道元「宝慶記《ほうきょうき》」
真の仏法を求めて入宋した道元禅師は、天童山でついに正師たる如浄に巡り会った。情熱をもって重ねられる問いを受けとめる師の喜び。正しい教えを得た弟子の感激。八百年の時空を超えて伝わる求道と感激の書！

電P

2456
マルティン・ルター著／深井智朗訳
宗教改革三大文書　付「九五箇条の提題」
記念碑的な文書「九五箇条の提題」とともに、一五二〇年に公刊され、宗教改革を決定づけた『キリスト教界の改善について』、『教会のバビロン捕囚について』、『キリスト者の自由について』を新訳で収録した決定版。

電P

2465
秦　剛平訳
七十人訳ギリシア語聖書　モーセ五書
前三世紀頃、七十二人のユダヤ人長老がヘブライ語聖書をギリシア語に訳しはじめた。この通称「七十人訳」こそ、現存する最古の体系的聖書でありイエスの時代の聖書である。西洋文明の基礎文献、待望の文庫化！

電P

2471
藤代泰三著（解説・佐藤　優）
キリスト教史
イエスの十字架から教会制度、神学思想、宣教などの変遷を、古代から現代まで描ききり、キリスト教史の枠組みのなかで日本のキリスト教を捉え直す。世界宗教の二〇〇〇年史をこの一冊で一望できる決定版！

電P